Waska | ERFOLGREICH GÄRTNERN im Rhythmus der Natur

Stephan Waska

ERFOLGREICH GÄRTNERN im Rhythmus der Natur

Ein verlässlicher Praxisbegleiter durch das phänologische Gartenjahr

Quelle & Meyer Verlag Wiebelsheim

Die Angaben in diesem Buch sind vom Autor und dem Verlag sorgfältig erwogen und geprüft, dennoch kann keine Garantie übernommen werden. Eine Haftung des Autors bzw. des Verlags und seiner Beauftragten für Personen-, Sach- und Vermögensschäden ist ausgeschlossen.

Bibliografische Information der Deutschen Nationalbibliothek
Die Deutsche Nationalbibliothek verzeichnet diese Publikation in der Deutschen Nationalbibliografie; detaillierte bibliografische Daten sind im Internet über http://dnb.d-nb.de abrufbar.

www.quelle-meyer.de

Umschlagabbildungen: Stephan Waska, fotolia/Givaga, fotolia/U. Häßler
Druck und Verarbeitung: Gutenberg Beuys Feindruckerei GmbH, Langenhagen
Printed in Germany/Imprimé en Allemagne
ISBN 978-3-494-01740-2

Inhalt

Einführung 7

1. Vorfrühling 9
2. Erstfrühling 27
3. Vollfrühling 51
4. Frühsommer 69
5. Hochsommer 85
6. Spätsommer 97
7. Frühherbst 109
8. Vollherbst 125
9. Spätherbst 147
10. Winter 163

Namen der häufigsten Zwiebel- und Knollenpflanzen 176
Gemüseverträglichkeit 178
Blütezeit der Zwiebel- und Knollenpflanzen 180
Bildnachweis 181
Weiterführende Informationen 181
Register 182

Einführung

Im Laufe des Jahres herrscht nicht in allen Teilen Mitteleuropas die gleiche Witterung. Während in einem Teil noch Schnee liegt und der Boden gefroren ist, kann anderswo bereits Gemüse angebaut werden und die ersten Blumen beginnen zu blühen. Im Herbst kann es passieren, dass man in einer Region noch im Garten sitzt und gleichzeitig wird in einem anderen Gebiet schon der erste Schnee weggeräumt. Gartenempfehlungen lassen sich nicht streng nach Monaten einteilen. In diesem Paxisbuch sind die jeweiligen Gartentipps daher nach einem anderen Ablauf gegliedert.
Die Wissenschaft der Phänologie beobachtet und analysiert die Pflanzenentwicklung im Laufe des Jahres. Es gibt zehn Jahreszeiten, deren Beginn geografisch verschieden durch das Auftreten unterschiedlicher Naturereignisse, wie z. B. der Forsythien- oder der Holunderblüte, gegeben ist. In manchen Jahren beginnt eine Entwicklung ungewöhnlich früh und kann sich in anderen wieder stark verzögern. Daher richten sich die Empfehlungen in diesem Buch nach dem phänologischen Kalender. Dafür müssen die Anzeichen für die jeweilige Jahreszeit im eigenen Garten, in der Stadt oder in der freien Natur beobachtet werden. Der klassische Kalender kann, muss aber dabei nicht völlig außer Acht gelassen werden.

Die phänologischen Jahreszeiten beginnen mit dem **Vorfrühling**. Das ist die Blütezeit von Haselnuss, Winterjasmin, Schneeglöckchen, Winterling und Schneerose. Später kommen Krokus, Leberblümchen, Frühlingsknotenblume, erste Primeln, Kornelkirsche (Dirndl) und Kätzchen-Weide hinzu.

Der **Erstfrühling** glänzt vor allem mit der Blüte der Forsythie. Nacheinander folgen Buschwindröschen, Narzissen, Küchenschellen, Blaustern, erster Löwenzahn und bald die Blüte von Kirsche, Schlehdorn, Birne, Zwetschge, Birke und Buche.

Im **Vollfrühling** erblühen die Maiglöckchen und der Löwenzahn, der Flieder und der Apfel, im Wald der Bärlauch und die Eiche. Auf den Feldern leuchtet gelb der Raps und in Alleen und Parks erblüht die Rosskastanie.

Das Kennzeichen des **Frühsommers** sind die Blüten von Pfingstrose, Margeriten und Klatschmohn, sowie der ersten Rosen und des Holunders (Holler).

Ein duftendes Anzeichen des **Hochsommers** ist die Blüte der Sommerlinde. Jetzt blühen die Hortensien und an Straßenrändern die Wegwarte, gleichzeitig beginnt die Reife von Himbeeren, Erdbeeren, Stachelbeeren und Johannisbeeren (Ribiseln).

Die Zeigerpflanze für den **Spätsommer** ist die Sonnenblume und die Blüte vieler Kräuter. Es beginnt die Erntezeit von Kläräpfeln, Zwetschgen, Mirabellen und Vogelbeeren.

Den **Frühherbst** zeigen die Herbstzeitlose, die Herbstanemonen und die Reife verschiedenster Früchte wie Kornelkirsche (Dirndl), Birnen, mittelfrüher Apfelsorten, Sanddorn und Holunder (Holler).

Im **Vollherbst** blühen fast nur noch Astern und Chrysanthemen. Dafür reifen Quitten, Nüsse und Rosskastanien, die Weinlese und die Maisernte sind in vollem Gange und im Wald fallen die Bucheckern und Eicheln von den Bäumen. Der Wilde Wein beginnt seine prächtige Herbstverfärbung.

Der **Spätherbst** kündigt sich mit der Verfärbung der Lärchennadeln und dem Laubfall der Rosskastanie an. Andere Laubbäume lassen ebenfalls ihre Blätter fallen, sodass gegen Ende des Spätherbstes fast alle Bäume und Sträucher ohne Blätter sind.

Mit dem **Winter** von etwa Ende November, Anfang Dezember bis Ende Februar ist der Übergang der phänologischen Jahreszeit fast gleichlaufend mit dem meteorologischen Kalender, also das Ende bis zum Beginn einer neuen Gartensaison. Jetzt sind fast alle Bäume und Sträucher ohne Blätter, die Stauden haben sich in ihre unterirdischen Speicherorgane zurückgezogen und im Garten ruht alles.

Jedes der zehn Jahreszeiten-Kapitel ist in die Bereiche Zier-, Obst- und Gemüsegarten unterteilt. Darin sind die jeweils anstehenden Arbeiten an den am häufigsten kultivierten Gewächsen beschrieben. Wenn bei einzelnen Pflanzen der *kursiv* geschriebene lateinische Name steht, so dient dies dem Zweck der eindeutigen Zuordnung. Deutsche Pflanzennamen sind im gesamten Sprachgebiet oftmals sehr unterschiedlich. Die gängigen österreichischen Bezeichnungen sind in Klammern gesetzt.
Manche Arbeitstipps wiederholen sich im Laufe des Jahres, daher kann mancher Hinweis in anderen Kapiteln nochmals erwähnt werden. Einige Tipps sind in den jeweiligen Kapiteln zusätzlich genauer erläutert. Auf diese ausführliche Beschreibung wird durch Seitenangabe verwiesen.
Mit diesen Hinweisen für eine gezielte Tätigkeit im Garten möchte ich Ihnen helfen, Gartenarbeiten zum geeigneten Zeitpunkt durchzuführen. Dabei wünsche ich viel Erfolg und vor allem viel Freude mit Ihren Pflanzen!

Damit dieses Buch entstehen konnte, bedanke ich mich bei meinen Eltern, die meinen Berufswunsch Gärtner, immer tatkräftig unterstützten. Nach Ende meiner beruflichen Tätigkeit schreibe ich seit nun fast 20 Jahren monatliche Gartenhinweise in der Zeitschrift OBSTWEINGARTEN. Da diese im Voraus geschriebenen Tipps oftmals durch witterungsbeeinflusste Unwägbarkeiten nicht passten, sind nun die vorliegenden Gartenarbeiten nach den Leitpflanzen der jeweiligen Jahreszeit angepasst.
Dass diese Hinweise auf ein verständliches Maß gestutzt wurden, verdanke ich besonders Hermine Heimerl und Karin Waska sowie Marina Koller, Claudia und Heinz Krenn für ihre Zeichnungen und vor allem August Werner und Michael Klink, die Text und Bild in eine übersichtliche Form brachten.

Stephan Waska

Vorfrühling

Vorfrühling

Mit der langsam zunehmenden Erwärmung des Bodens und den immer länger werdenden Tagen beginnt sich das Leben im Garten zu regen.

Die ersten Signale kommen von den Haselnüssen (*Corylus avellana*). Ihre Blütenkätzchen werden länger und beim leisesten Windhauch stäubt der Pollen durch die Sträucher.

Kurz darauf öffnen sich die Blüten der Schneeglöckchen (*Galanthus nivalis*). Auch wenn an schattigen Stellen noch Schnee liegt – unter der Erdoberfläche und in den Gehölzen regt sich neues Leben.

Ab der Schneeglöckchenblüte kann mit den ersten Arbeiten im Garten begonnen werden. In raueren Lagen ist es allerdings besser, mit den Arbeiten erst ab der Huflattichblüte (*Tussilago farfara)* zu beginnen.

Gleich danach erblühen die Frühlingsknotenblumen (*Leucojum vernum*) und der Winterling (*Eranthis hiemalis*).

Mit der Haselnussblüte ist die Kraft des Winters gebrochen.

Die Blüte der Schneeglöckchen läutet den Frühling ein.

Frühlingsknotenblume

Winterling

Kätzchenweide im Vorfrühling

Am Waldrand erscheinen die gelben Blüten des Huflattichs

Die nächsten Blüten im phänologischen Kalender sind die Kätzchen der Salweide (*Salix caprea*). Sie leiten zum Ende des Vorfrühlings gemeinsam mit der Blüte des Huflattichs in den Erstfrühling über.

Ziergarten

Letzter Wintereinbruch

Immer wieder versucht der Winter doch noch seine Kraft zu zeigen. Deshalb sich nicht zu früh von den ersten Frühlingsanzeigern verleiten lassen. Die ersten Blüten sind gegen solche Rückfälle gewappnet.

Saubermachen im Garten

Gearbeitet wird im Garten erst, wenn der Boden restlos aufgetaut und abgetrocknet ist.
Erst, wenn keine Erde mehr an den Schuhsohlen kleben bleibt, kann mit dem Frühjahrsputz begonnen werden. Ein früheres Betreten verdichtet den Boden stark und das schadet den Pflanzen sehr. Besonders auf lehmigen Böden kann man jetzt mehr kaputtmachen, als erreicht wird.
Die Blattspitzen der ersten Blumenzwiebeln treiben schon langsam durch. Wenn sie unter Sträuchern, im Blumenbeet oder gar im Rasen gesetzt wurden, können sie durch unbedachte Schritte in ihrem Austrieb gestört werden.
Im Staudenbeet werden nun die abgestorbenen Blätter und Triebe vom Vorjahr entfernt. Auch das vom Wind angewehte Herbstlaub wird jetzt endgültig weggeputzt und auf den Kompost gebracht. Die über den Winter gewachsenen Unkräuter sollten jetzt gründlich entfernt werden. Wurzelunkräuter werden mitsamt ihrer Wurzel ausgegraben und bis zum völligen Vertrocknen in der Sonne liegengelassen.

Winterschutz entfernen

Noch vorhandene Winterabdeckungen wie z.B. das Reisig, das zum Schutz der Rosen und empfindlicher Stauden aufgelegt wurde, werden nun entfernt. Sie sollten aber für kurzfristiges Abdecken gegen Spätfröste in Reserve gehalten werden, denn der Winter kann immer noch rückfällig werden.
Nicht mehr notwendige Abdeckungen von Stauden durch Herbstlaub können jetzt entfernt und kompostiert werden. Sie bergen die Gefahr, dass unter dem nassen Laub die darunter befindlichen Pflanzen zu faulen beginnen.
Alle Pflanzen auf eventuelle Frostschäden kontrollieren. Erfrorene oder eingetrocknete Zweige werden aus den Sträuchern herausgeschnitten.

Frühlingsboten im letzten Schnee

Düngung der Zwiebelblumen

Sobald sich die ersten Blattspitzen von Tulpen, Hyazinthen, Narzissen und anderen Frühlingsblühern zeigen, sollte mit einem Volldünger gedüngt werden. Dieser braucht einige Zeit, bis er zu den Wurzeln gelangt und die Zwiebelpflanzen brauchen ausreichend Nährstoffe für das nächste Jahr zur Kräftigung und Bildung neuer Blüten.
Jetzt im Vorfrühling ausgebrachte organische Dünger kommen zu spät zur Wirkung.

Heckenschnitt

Alle laublosen Heckensträucher können jetzt zurückgeschnitten werden. Es geht den Pflanzen noch nicht viel Kraft verloren und außerdem schließen sich die Wunden sehr schnell. Mit einer einfachen Methode kann man abgestorbene Triebteile erkennen. Dazu die Rinde etwas ankratzen. Zeigt sich darunter ein Grünton, lebt der Trieb noch. Bei gelblicher oder bräunlicher Farbe ist das Holz bereits abgestorben.
Beim Heckenschnitt sollte darauf geachtet werden, dass die Hecke unten um 20 bis 30 % breiter ist als am Scheitel. Dadurch bleibt die Hecke bis zum Boden blickdicht. Dünne Äste werden eingekürzt und abgestorbene Zweige herausgeschnitten.
Frisch gepflanzte und erst wenige Jahre alte Hecken müssen jährlich um mindestens $^1/_3$ in der Höhe gekürzt werden. So erzielt man

Eine Hecke soll an der Basis um ca. $^1/_4$ breiter sein als an der Spitze.

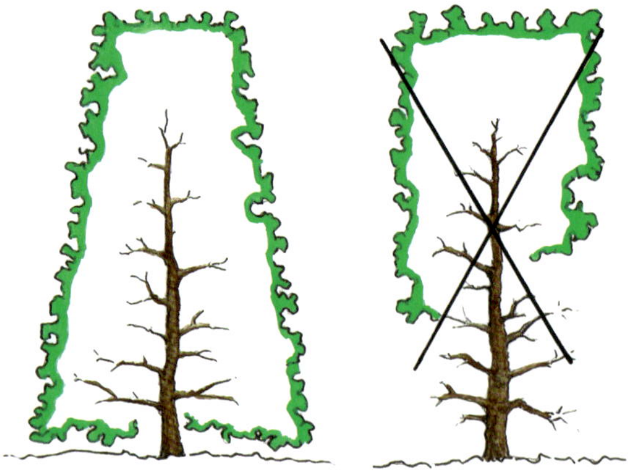

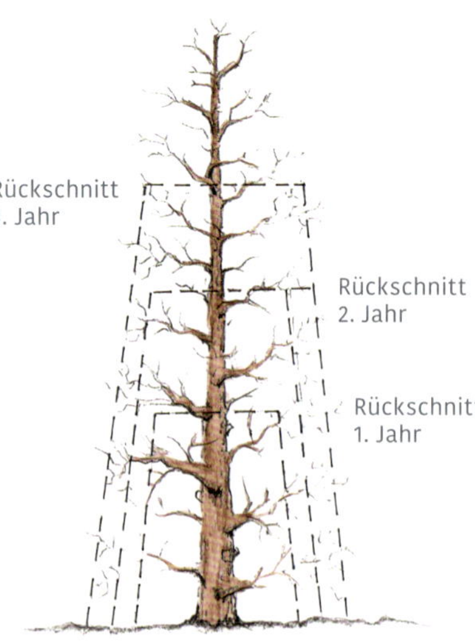

kräftige Pflanzen, die vom Boden her dicht sind und nicht von der Schneelast im nächsten Winter niedergedrückt werden können.
Nach dem Schnitt wird Kompost oder ein stickstoffhaltiger Mineraldünger gestreut, damit die Sträucher zum Austrieb im Frühling bereits genügend Nährstoffe zur Verfügung haben.
Dann wird unter allen Sträuchern eine Mulchschicht ausgebreitet. Das verhindert eine vorzeitige Keimung von Unkräutern und hält den Boden feucht bis ins Frühjahr hinein.
Aber: Nadelgehölz-Hecken werden erst nach Abschluss des neuen Triebes im Hochsommer geschnitten.

Die Kornelkirsche (Dirndlstrauch) ist eine der ersten Bienenfutterpflanzen im Vorfrühling.

Falscher Blütenstrauchschnitt

Falscher Strauchschnitt

Vergreisende Sträucher lassen rasch mit der Blütenbildung nach. Deshalb müssen alte Äste immer wieder herausgeschnitten werden, damit Platz für neue und junge Triebe geschaffen wird. Vor allem darf nicht einfach ein „Bubikopfschnitt" über alle Triebspitzen erfolgen. Dies gibt dem Strauch ein unnatürliches Aussehen und führt zu absterbenden Ästen im Strauchinneren.

Schnitt der Blütensträucher

Nur die erst im Sommer blühenden Ziersträucher dürfen jetzt zurückgeschnitten werden. Dazu zählen z.B. Schmetterlingsstrauch (*Buddleja*), Fingerstrauch (*Potentilla*), Perückenstrauch (*Cotinus*), Ranunkelstrauch (*Kerria*), Schneebeere (*Symphoricarpus*), Sommerspiere (*Spirea japonica*), Garteneibisch (*Hibiscus*), Buschklee (*Lespedeza*), Rispen-Hortensie (*Hydrangea paniculata*), Liguster (*Ligustrum*) und Pfeifenstrauch (*Philadelphus*). Dabei werden alte Äste bodennah oder bis auf einen Jungtrieb herausgeschnitten. Erkennbar sind solche Äste an

Winterduftschneeball *Viburnum bodnantense*

meist dunkler Rinde mit schon mehrmals geblühten Kurztrieben. Wichtig ist auch das regelmäßige Entfernen zu dichter und sich kreuzender Äste und Zweige.
Die beliebte Ballhortensie wird nicht zurückgeschnitten, nur die Blütenreste vom Vorjahr und schwache Triebe werden entfernt. An der Spitze oder direkt darunter haben sich schon die neuen Blütenknospen gebildet.
Die Herbstheide (*Calluna*) bekommt einen buschigen Wuchs, wenn jetzt diese immergrünen Zwergsträucher bis zum Ansatz der vorjährigen Blütenstängel zurückgeschnitten werden. Ein einfacher Trick dabei ist, den Kleinstrauch mit einer Hand zu umfassen, etwas zusammenzudrücken und dann einen geraden Schnitt zu setzen. Beim Auseinanderfallen hat der Strauch dann eine natürlich aussehende, runde Form.

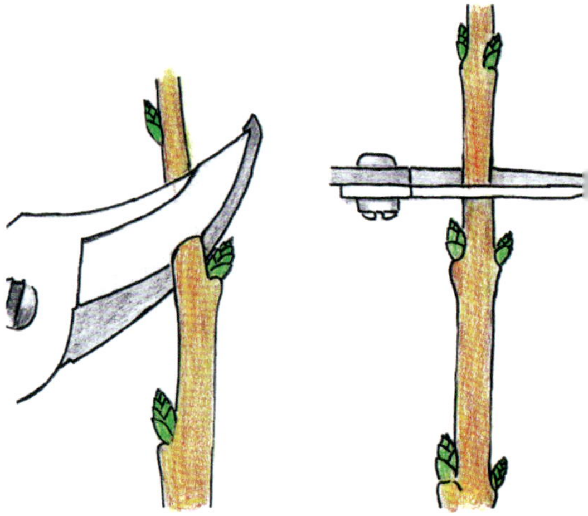

Der Schnitt sollte immer knapp über einer Knospe erfolgen, damit der Ast nicht zurücktrocknet.

Der Sommerflieder (*Buddleja davidii*) wird kräftig zurückgeschnitten und ausgelichtet.

Sommerflieder

An diesem Strauch haben in der Nähe der Basis schon einige Knospen ausgetrieben. Daher wird bis auf die untersten zwei oder drei Austriebe jedes Astes zurückgeschnitten. Auch hier gilt es wie bei den Rosen – ein starker Rückschnitt fördert die Triebkraft und die Blüten.

Bartblume

Bei frostfreiem Wetter kann die Bartblume (*Caryopteris*) bis 10 cm über dem Boden zurückgeschnitten werden. Durch einen kräftigen Schnitt bildet der Strauch bis zum Sommer neue lange Triebe mit vielen Blüten. Ohne jährlichen Rückschnitt bilden sich nur wenige Blüten.

Bartblume (*Caryopteris clandonensis*)

Bei jährlichem Rückschnitt blüht der Blauregen ((hier: *Wisteria sinensis*) üppig.

Blauregen

Jetzt soll auch beim Blauregen (*Wisteria*) der Winterschnitt durchgeführt werden. Dabei werden alle Seitentriebe aus dem Vorjahr so zurückgeschnitten, dass jeweils nur die etwa 10 cm lange Triebbasis mit den dicken Blütenknospen stehen bleibt.

Kätzchenweide

Sie muss jedes Jahr kräftig zurückgeschnitten werden, um an den neuen Trieben wieder zahlreiche Blütenknospen zu bilden. Da die Weide zu den ersten Nahrungsquellen für Bienen und Hummeln zählt, darf erst nach dem Vertrocknen der Kätzchen zurückgeschnitten werden.
Hänge-Palmkätzchen werden ebenfalls nach der Blüte geschnitten. Dabei werden die Hälfte aller Triebe bis zum Ansatz herausgeschnitten und der Rest auf kurze Stücke, etwa drei bis vier Jungtriebe, zurückgeschnitten.

Die Kätzchenweide wird erst nach dem Vertrocknen der Kätzchen geschnitten.

Schnittmaterial

Wenn es die Größe des Gartens zulässt, wird das noch blattlose Schnittmaterial in einer Ecke des Gartens gesammelt. Es bietet einen idealen Unterschlupf für Igel und andere Gartennützlinge. Wenn nicht genügend Platz ist, wird das Schnittmaterial klein gehäckselt und als Mulchmaterial verwendet.

Auch kann es später mit sehr feuchten Pflanzenabfällen (z. B. Grasschnitt) gemischt und dann gemeinsam kompostiert werden.

Feuchtigkeit für immergrüne Sträucher

Wenn im Winter nicht ausreichend Niederschläge als Regen oder Schnee gefallen sind, müssen die immergrünen Laub- und Nadelgehölze an warmen Tagen und bei bereits aufgetautem Boden mehrere Kübel Wasser im Bereich der Kronentraufe (das ist der Boden unter den äußersten Astspitzen) erhalten. Einfacher ist es, den Gartenschlauch auszulegen und ganz schwach Wasser rinnen lassen. Mit den wärmeren Tagen steigt der Feuchtigkeitsbedarf dieser Pflanzenarten stetig.

Im Bereich der Kronentraufe befinden sich die feinen Wurzeln.

Frühjahrsschnitt der Rosen

Sobald der Huflattich blüht und der Boden trocken ist, wird die Anhäufelungserde der Rosen vorsichtig weggeräumt. Auch von den Stammrosen kann nun der Winterschutz entfernt werden. Wenn die Rosen erst im letzten Herbst gepflanzt wurden, sollte man mit dem Abhäufeln und dem Rückschnitt bis zur Forsythienblüte warten.
Gleichzeitig mit dem Abhäufeln der Beet- und Edelrosen wird alles Vertrocknete und Erfrorene weggeschnitten. Sich kreuzende, sowie eng stehende Triebe werden ganz entfernt. Dünne Triebe, die weniger als bleistiftstark sind, sowie alle nach innen wachsenden, kranken und schwachen Zweige müssen entfernt werden. Starke Triebe sollten, um gute Blüten zu bringen, **auf zwei bis vier Augen** zurückgeschnitten werden. Auch wenn am vorjährigen Holz die Knospen bereits ausgetrieben haben, werden starke Triebe kräftig zurückgeschnitten.

Beetrose nach dem Abhäufeln und vor dem Schnitt

Beetrose nach dem Frühjahrsschnitt

Wer längere Triebe stehenlässt, bringt sich um gutes Wachstum und reiche Blüten. Je stärker Rosen zurückgeschnitten werden, desto besser treiben sie wieder und bringen mehr Blütenflor.
Beim Rosenschnitt gilt das Motto: Starker Rückschnitt auf kurze Triebe bringt kräftigen und blütenreichen Neuzuwachs, schwacher Rückschnitt und lange Astreste führen zu schwachen Trieben mit wenig Blüten.
Hat sich unterhalb der Veredelungsstelle ein Wildtrieb entwickelt, dann muss die Austriebsstelle freigelegt und der Trieb abgerissen werden. Wird er nur abgeschnitten, treiben an derselben Stelle später weitere Wildtriebe aus.

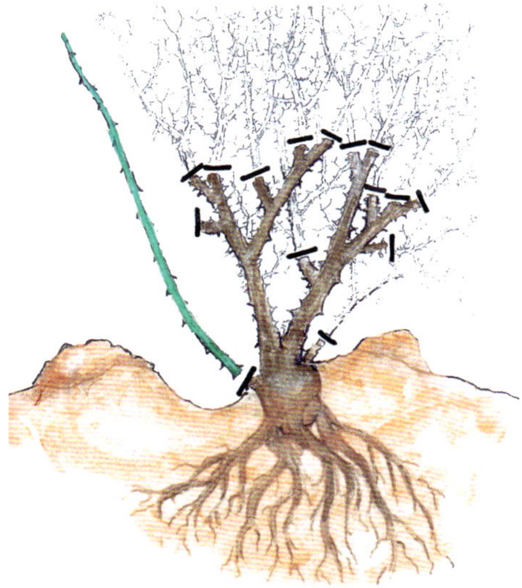

Aus der Unterlage treibt oftmals ein Wildtrieb aus.

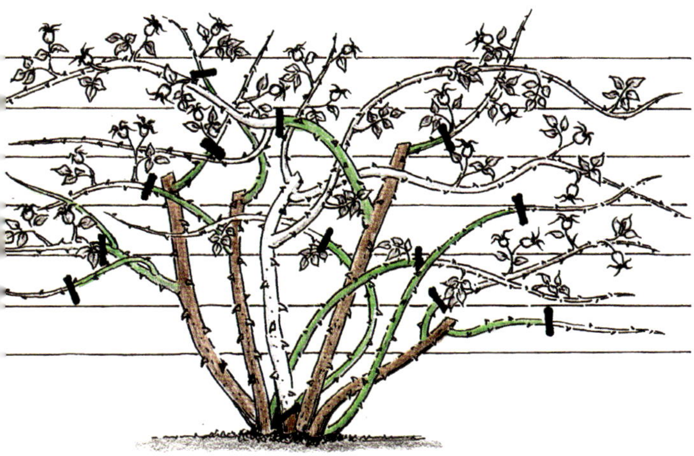

Schnitt der einmal blühenden Kletterrosen

Polyantharosen kann man im Allgemeinen etwas länger schneiden als Edelrosen.
Daher werden auch sie gleich nach dem Abhäufeln des Winterschutzes stark zurückgeschnitten.

Bei **Strauch- und Kletterrosen** werden nur die abgestorbenen Triebe weggeschnitten. Auch die Blütenästchen des vergangenen Jahres werden bis auf eine starke Knospe zurückgenommen. Mehrjährige Äste werden entweder ganz herausgeschnitten oder bis auf einen starken Jungtrieb zurückgeschnitten. Die Triebe der Kletterrosen sollen anschließend möglichst waagrecht an das Klettergerüst gebunden werden. Das hemmt das Längenwachstum und fördert die Blütenbildung an den Ästen.

Alle 2 bis 4 Jahre wird ein Auslichtungsschnitt erforderlich, das heißt, dass alte, starke Triebe, die nicht mehr so blühfreudig sind, herausgeschnitten werden. Sie werden mög-

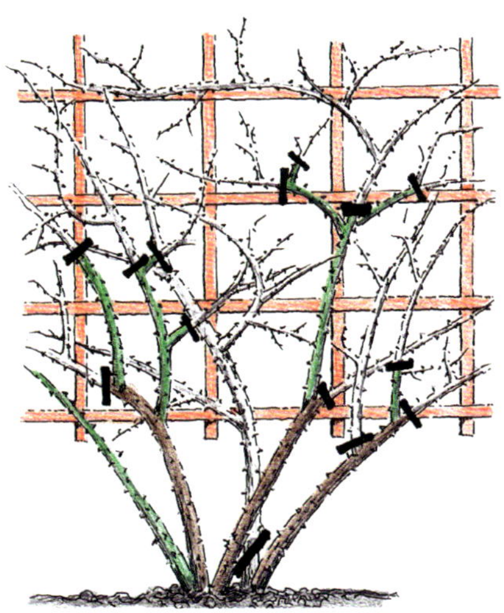

Schnitt der mehrmals blühenden Kletterrosen

lichst bodennah zurückgeschnitten oder bis auf einen kräftigen Jungtrieb zurückgesetzt. Dann ist Platz für frische, junge, blühwillige Triebe.

Hochstammrosen werden gleich nach dem Entfernen des Winterschutzes genauso wie die Beetrosen kräftig auf zwei bis vier Augen des vorjährigen Triebes zurückgeschnitten.

Hochstammrose nach dem Schnitt

Düngung der Rosen

Rosen brauchen viel und guten Dünger. Sowohl Stallmist (Pferde-, Hühnermist – kein Schweinemist!) als auch gut verrotteter Kompost (5 bis 8 l pro m²) und Mineraldünger (Blaukorn oder Nitrophoska 50 bis 60 g pro m²) werden gerne angenommen. Kompost und Mineraldünger werden sofort in die oberste Erdschicht leicht eingearbeitet. Frischer Mist muss auf der Erdoberfläche als Mulchdecke liegenbleiben.

Rasenpflege

Auf den Rasen gewehtes Laub und andere Winterreste werden nun gründlich entfernt, bevor sie die antreibenden Gräser stören. Da das Vertikutieren (das Anritzen der Grasnarbe und Ausputzen der Zwischenräume) eine große Belastung für den Rasen ist, wird erst nach dem ersten Mähen vertikutiert. Jetzt wird erstmal nur oberflächlich geputzt.

Die Düngung des Rasens sollte auch erst nach dem ersten Mähen bzw. nach dem Vertikutieren erfolgen. Empfehlenswert ist es, dazu einen Langzeitdünger zu verwenden, da die Nährstoffe langsam während des Frühlings und Sommers freigegeben werden.
Auch die Düngung mit gut verrottetem Kompost erfolgt erst nach dem Vertikutieren, sonst landet alles wieder mit dem Ausputzmaterial am Kompost.

Die Pflanzzeit beginnt

Mit Neu- oder Umpflanzungen von Ziersträuchern, Rosen und Stauden kann bereits ab der Huflattichblüte begonnen werden. Dabei muss den Pflanzen genügend großer Lebensraum gelassen werden! Pflanzen

Richtige Pflanztiefe von Stauden

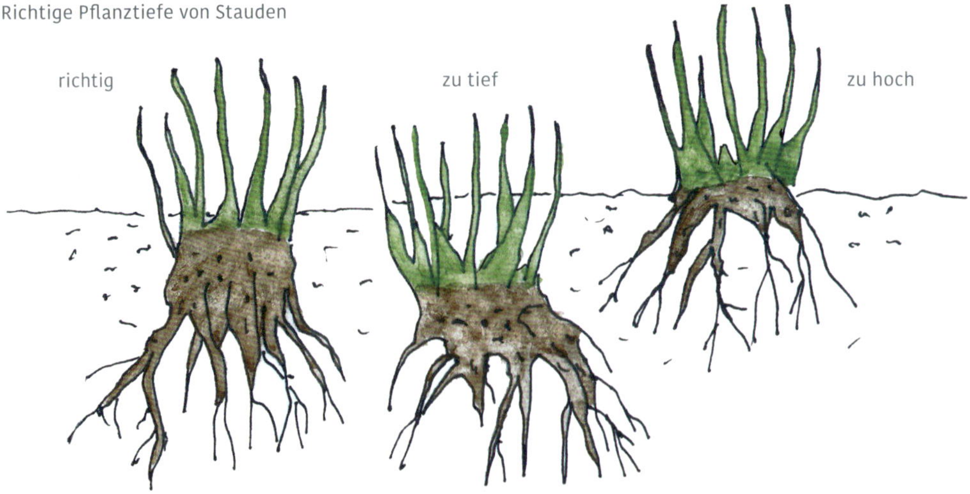

wachsen und brauchen dabei immer mehr Platz, sodass sie bald zu eng beisammenstehen. Daher die Pflanzgruben für Neu- oder Umpflanzungen immer groß genug machen, hier wird oftmals gesündigt. Besonders bei Ziersträuchern und Nadelgehölzen soll die Grube doppelt so groß wie der oberirdische Pflanzendurchmesser sein. Die Aushuberde wird mit ein wenig Kompost oder Torfersatz verbessert. Zu viel davon verursacht später einen Wachstumsschock, wenn die Wurzeln in den Mutterboden vorstoßen.
Der Wurzelballen von Pflanzen aus dem Container sollte etwas aufgerissen (oder mit einem Messer leicht eingeschnitten) werden. An den Verletzungen bilden sich rasch neue Wurzeln, das führt zu einem besseren Anwachsen.

Stauden teilen

Stauden, die schon längere Zeit am gleichen Platz stehen, werden geteilt und an anderen Stellen wieder eingepflanzt. Wie aus dem Bild ersichtlich, wachsen viele Stauden radial auseinander, sodass in der Mitte ein Loch entsteht. Daher werden sie geteilt und verpflanzt.

Nadelgehölze (Koniferen)

Für die Pflanzung von Nadelgehölzen ist der Boden noch zu kalt. Sie sollten erst später im Erstfrühling gepflanzt werden, denn sie benötigen höhere Bodentemperaturen zum Einwurzeln.

Kübelpflanzen überprüfen

An warmen, sonnigen Tagen können die im Winterquartier stehenden Kübelpflanzen heraus geräumt und kontrolliert werden. Blatt-, Woll- und Schildläuse vermehren sich gerne auch im Winterquartier. Sie sitzen oft sehr versteckt in Astgabeln und an Blättern. Damit sie auch sicher bekämpft werden können, gibt es im einschlägigen Fachhandel tablettenartige Stäbchen, die in die Topferde

Aus dem ursprünglichen Zentrum ist diese Chrysantheme herausgewachsen und gehört nun geteilt und verpflanzt.

Der Oleander wird oft von Schildläusen befallen.

gesteckt werden und sich durch das Gießwasser auflösen. Der Wirkstoff der Stäbchen wird von den Wurzeln der Topfpflanze aufgenommen und mit dem Saftstrom zu den Schädlingen geleitet. Derselbe Effekt wird auch mit geeigneten Gießmitteln erzielt.
Beim Spritzen von Bekämpfungsmitteln werden diese Schädlinge meist nur ungenügend erreicht und können sich weiter vermehren.
Ein mausgrauer Schimmel, der Grauschimmel, der sich besonders gern auf den überwinterten Geranien (Pelargonien) breitmacht, muss durch das gründliche Entfernen aller befallenen Teile beseitigt werden. Der Grauschimmel befällt gerne alle weichen und geschwächten Pflanzenteile.

Gegen den Grauschimmel kann entweder mit speziellen Grauschimmelpräparaten oder mit einem Zinnkrauttee vorbeugend gespritzt werden.
Aber bei Frostgefahr müssen die nicht winterharten Kübelpflanzen sofort wieder ins Quartier geräumt werden!
Oleanderbüsche mit zu großem Wuchs können jetzt zurückgeschnitten und anschließend gleich umgetopft werden. Da der Oleander immer nur an den Triebspitzen eine Blütenanlage ausbildet, blühen zurückgeschnittene Triebe meist erst im nächsten Jahr wieder.
Laubabwerfende Kübelpflanzen wie Engelstrompete, Enzianstrauch, Fuchsien und andere werden jetzt kräftig auf außenstehende Augen zurückgeschnitten. Durch einen starken Rückschnitt wird die Triebkraft der Sträucher gefördert, sodass sich kräftige Neutriebe und damit viele Blüten entwickeln können.

Gartenmöbel

Bei milden Temperaturen können gegen Ende März schon die Gartenmöbel für die Freiluftsaison vorbereitet werden. Rostflecken, die sich an Eisenteilen zeigen, sollten sofort mit einer Drahtbürste entfernt und mit einem Neuanstrich geschützt werden. Ebenso werden Holzteile nach dem Abschrubben und Abschleifen neu lackiert oder lasiert.

Obstgarten

Baumschnitt

Jetzt kann der Baumschnitt an Apfel- und Birnbäumen durchgeführt werden. Zu dicht gewordene Kronen werden ausgelichtet, indem ganze Astpartien vor allem im Inneren der Krone herausgeschnitten werden. Auf keinen Fall sollte ein Schnippelschnitt gemacht werden, wo nur die vorjährigen Triebe teilweise oder ganz geschnitten werden.
Kleine Schnitte bleiben unbehandelt, große Schnittstellen werden nur am Rand mit einem Wundverschlussmittel (kein Baumteer!) verstrichen. Ein totales Verstreichen fördert das Holz zerstörende Pilze unter dem Streichmittel.
Steinobstbäume wie Kirschen, Aprikosen (Marillen) und Pfirsiche werden grundsätzlich erst nach der Ernte geschnitten. Zwetschgen können gleich nach der Blüte, besser aber ebenfalls erst nach der Ernte geschnitten werden.
Oft bilden die Unterlagen von Obstbäumen, besonders bei Zwetschgenbäumen, Wurzelschosse. Die Austriebsstelle wird freigelegt

Von einem steil stehenden Ast treiben vorwiegend neue Langtriebe aus.

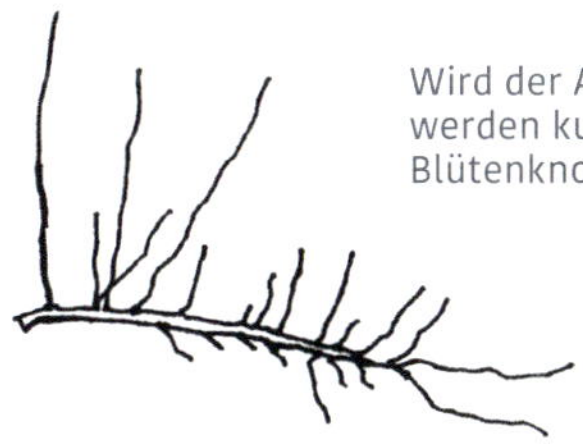

Wird der Ast waagrecht gebogen, werden kurze Fruchtzweige mit Blütenknospen angesetzt.

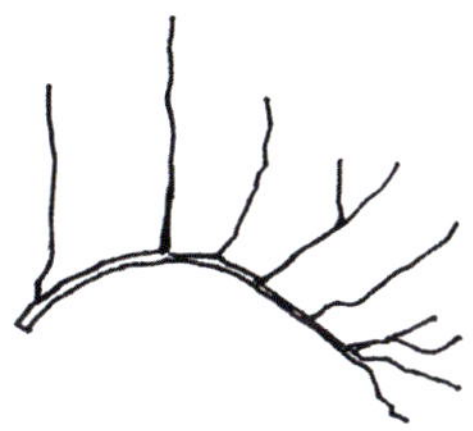

An einem zu stark gebogenen Ast treiben am Scheitelpunkt neue unerwünschte Langtriebe.

und anschließend werden die störenden wilden Triebe entfernt. Um einen neuerlichen Austrieb zu verhindern, sollten solche Wildtriebe abgerissen und nicht abgeschnitten werden.

Fruchtbogen-Erziehung

Die Stellung der Äste und Zweige beeinflusst die Blütenbildung stark. Aufrecht wachsende Zweige haben die stärkste Triebkraft und setzen dabei nur wenige Blütenknospen an. Daher werden die Langtriebe waagrecht gebogen, um eine stärkere Blütenknospenbildung zu fördern. Wird ein Ast oder Zweig mit entsprechender Vorsicht in die mehr oder minder Waagrechte gebracht, dann entsteht ein Saftstau, der die Bildung von Blütenknospen erhöht.
Durch gezieltes Herunterbinden der jungen Äste mit Bändern oder nicht einschneidenden Schnüren wird so das Wachstum in die gewünschte Richtung gelenkt. Dabei darf das vorsichtige Herunterbiegen und Festbinden nicht über die Waagrechte hinausgehen. Bögen mit zu starker Krümmung nach unten treiben am Scheitelpunkt verstärkt aus, ohne Bildung von neuen Blütenknospen.
Die Schnur oder das Band wird am Fuß des Baumes fixiert (am Baumpfahl oder mit Haken in der Erde) und kann im Laufe des Jahres nachgespannt werden.

Fruchtasterziehung an einem Jungbaum

Ein Erfolg mit der Fruchtbogenbildung wird nur erreicht, wenn die Äste noch vor Beginn des Frühjahrsaustriebes waagrecht gebunden werden.

Die vielfach propagierte Methode des Aufhängens von Gewichten ist nicht zu empfehlen, da die Gewichte (kleine Steine in Plastiknetzchen, selbstgegossene Betongewichte) bei starken Windbewegungen heruntergerissen werden oder den Baum beschädigen.

Kräuselkrankheit an Pfirsich und Nektarine

Eine der hartnäckigsten Obst-Krankheiten trübt immer wieder die Freude auf die Ernte: *Taphrina deformans* – die Kräuselkrankheit. Bald nach dem Austrieb beginnen sich einzelne oder mehrere Blätter zu verkräuseln. Fast jeder Pfirsich, aber auch Mandeln können von dieser Krankheit befallen werden. Frühpfirsiche sind mehr oder weniger resistent, gelbfleischige Sorten werden hingegen sehr stark befallen.

Die Blätter sind blasig aufgetrieben bei gleichzeitiger Verdickung des Blattes. Die Triebe bleiben im Wachstum zurück, schwellen an und platzen. Die befallenen Blätter vertrocknen im Laufe des Frühsommers schwärzlich und fallen dann ab.

Verkrümmte, meist rötliche Blätter sind von der Kräuselkrankheit befallen.

Zwischen den Knospenschuppen wird ein heller Rand sichtbar.

Bei starkem Befall will der Baum die abgefallenen Blätter durch Neuaustrieb ersetzen. Dazu verbraucht der Baum aber Reservestoffe, die nur ungenügend durch die spät gebildeten Blätter ersetzt werden können.

Die Krankheit überwintert an den Trieben sowie an und zwischen den Knospenschuppen. Schon vor dem Austrieb beginnt der Pilz zu wachsen. Dies geschieht bei Temperaturen ab 6 °C. Schon die ersten Blattspitzen können so infiziert werden. Durch das Einwachsen des Pilzes ins Blatt werden die blasigen Verdickungen und Auftreibungen verursacht.

Um eine Infektion zu verhindern, muss der Baum schon im Vorfrühling geschützt werden. Dies geschieht durch eine Spritzung mit

Kupfer-Präparaten zum Zeitpunkt des Knospenschiebens.
Das Knospenschieben ist erkennbar durch einen hellen Rand zwischen den Knospenschuppen. Zu dieser Zeit können die nun infektionsbereiten Pilzsporen in die Knospe und in das Blattgewebe eindringen.
Nur eine vorbeugende Spritzung der betroffenen Bäume hindert die Pilzsporen an einer neuerlichen Infektion. Mit den für diesen Zweck zugelassenen Kupfermitteln müssen alle Teile des Baumes mit einem lückenlosen

Leberblümchen (*Hepatica nobilis*)

Johannisbeere ‚Rovada'

Spritzbelag geschützt werden, vor allem die jungen Zweige und Knospen.

Düngung von Obstbäumen und Beerensträuchern

Mit Ende des Winters beginnt die Vegetation wieder zu erwachen. Bevor man das aber sichtbar im oberirdischen Teil der Bäume bemerkt, beginnen schon die Wurzeln aktiv zu werden. Ab 5 °C fangen die Wurzelspitzen an zu wachsen und begeben sich auf „Nahrungssuche". Daher sollte jetzt mit einem stickstoffreichen Volldünger für ausreichend Nährstoffe gesorgt werden.

Erdbeeren

Für eine reiche Erdbeerernte muss jetzt die Erde zwischen den Reihen gelockert, Unkraut und welkes Erdbeerlaub entfernt und zum ersten Mal gedüngt werden. Ein sauberes Ausputzen der Erdbeerstöcke und das totale Entfernen abgestorbener Blätter und Pflanzenteile verringern den späteren Befall mit Grauschimmel.
Damit die Erdbeeren nach der Blüte nicht am Boden aufliegen und verschmutzt werden, schon jetzt Holzwolle oder Stroh vorbereiten und ab der Blüte rund um die Erdbeerstöcke ausbreiten.

Platzbedarf von Gemüsepflanzen

Angaben in cm	Saatabstand	Reihenabstand	Saattiefe	Pflanztiefe
Blumenkohl/Karfiol	50	60	1 – 2	
Brokkoli	30 – 40	50 – 60	1 – 2	
Buschbohnen	20 – 25	50 – 60	3 – 5	
Chinakohl	30 – 40	50	1 – 2	
Dill	15	30	0,5	
Eierfrucht (unter Glas)	50	100	0,5	
Eissalat	30	30	1	
Endivie	30	30	1	
Feldsalat/Vogerlsalat	3 – 5	15 – 20	0,5	
Fenchel	20	50	2	
Gurke (Freiland)	30 – 40	180	1 – 2	
Knollensellerie	30	40	0,5	
Kohlrabi	25	30	1 – 2	
Kopfsalat	25	25	0,5	hoch gepflanzt
Kraut/Kohl	50 – 60	50 – 60	1 – 2	
Kürbis	80	150	2-3	
Lauch/Porree	15	30	2	20
Mangold	30	30	2	
Möhre/Karotte	5 – 7	30	0,5	
Paprika	40	50	1 – 2	
Pastinake	8 – 10	40 – 50	2	
Petersilie	20	25	2 – 3	
Pflücksalat	20	25	0,5	
Radicchio	25	25	1	
Radieschen	3 – 6	10 – 25	1	
Rettich	25	25	2	
Rote Rüben	15	30	3 – 4	
Schnittlauch	25	30	2	
Spinat	20	40 – 45	3 – 4	
Stangenbohnen	50	100	3 – 4	
Tomate/Paradeiser	40 – 50	70	0,5	10
Zuckermelone	40 – 80	150	1 – 2	
Zwiebel	30	40	3	

Gemüsegarten

Ab der Huflattichblüte kann mit der Aussaat begonnen werden. Zur gleichen Zeit beginnen Veilchen, Gänseblümchen und Leberblümchen zu blühen.

Anlage der Gemüsebeete

Beim Herrichten der Beete darauf achten, dass sie immer eben mit den Wegen sind, sonst gehen Wasser und Nährstoffe verloren. Die Ränder trocknen auch viel schneller aus, wenn die Beete höher sind. Die Saatreihen werden mit einer Schnur markiert und mit einem Holz die Rillen gezogen. Feines Saatgut wird mit Sand gemischt und gemeinsam ausgestreut. Einfacher ist es, Saatbänder zu verwenden.

Gewächshaus

Wegen der Spätfrostgefahr muss das Gewächshaus heizbar sein. Die Nachttemperaturen dürfen im Gewächshaus nicht unter 3 bis 4 °C absinken. Zur Überprüfung sollte das Thermometer in Bodennähe aufgestellt oder aufgehängt werden, nicht in Kopfhöhe.
Sehr gut hat sich für diesen Zweck die Anschaffung eines Minimum-Maximum-Thermometers bewährt. Damit ist die höchste und niedrigste Temperatur auch nachträglich noch feststellbar.
Ab jetzt können im heizbaren Haus Brokkoli, Fenchel, Kohlrabi, Salat und Sellerie gesät oder gepflanzt werden.

Frühbeet oder unter Folie

Ab Mitte des Vorfrühlings ist für Kohl, Kohlrabi, Weiß- und Rotkraut, Rosenkohl (Sprossenkohl), Salat, Rote Rübe, Radieschen und Rettich sowie Porree unter diesem Schutz ein Anbau oder eine Pflanzung möglich. Radieschen sollten das ganze Jahr gezogen werden, es findet sich immer ein Plätzchen dafür. Abgehärtete Kopfsalatpflanzen können ebenfalls bereits ins Frühbeet gepflanzt werden. Die Salatpflanzen dürfen nicht zu tief gesetzt werden, sie bilden sonst keine normalen Köpfe und gehen sehr leicht in Blüte. Wenn sie in Erdpressballen aus einer Gärtnerei bezogen werden, genügt es, den Ballen nur halb in der Erde zu versenken.

Licht- und Dunkelkeimer

Manche Samen dürfen bei der Saat nicht mit Erde bedeckt werden. Bei diesen sogenannten Lichtkeimern werden sie daher nur ausgestreut und etwas angedrückt. Dazu gehören Möhren (Karotten), Tomaten (Paradeiser), Dill, Kopfsalat, Sellerie und Basilikum, Die Samen der Dunkelkeimer wie Gurke, Kürbis, Petersilie, Schnittlauch hingegen werden mit etwas Erde bedeckt. Als Richtlinie gilt hier, dass das Saatgut mit ca. 1 bis 2 cm Erde bedeckt wird.

Freiland

Mit den Aussaaten im Freiland sollte besser noch gewartet werden. Je wärmer der Boden ist, desto schneller keimt alles. Frühestens ab Ende des Vorfrühlings kann, wenn die Erde schon abgetrocknet ist, mit der Saat begonnen werden. Wegen der Spätfrostgefahr sollte immer genügend Abdeckmaterial in Form von Folie oder Gartenvlies vorhanden sein. Die Saat von Spinat, Möhren (Karotten), Zwiebeln, Petersilie und Rettich ist auf leichten Böden nun möglich. Auf schweren Böden muss mit der Aussaat bis zur Blüte der Forsythie gewartet werden.

Zwei Kompostsilos zur regelmäßigen Umsetzung des Kompostiermaterials

Umsetzen des Kompostes

Spätestens ein halbes Jahr nach Einbringung von kompostierbarem Material in den Kompostsilo oder die Kompostmiete muss das ganze Material bei frostfreiem Wetter umgesetzt werden. Dabei kommt das obere und äußere Material nach innen und unten, die mittlerweile schon teilverrotteten Reste nach außen und oben. Gleichzeitig werden immer eine geringe Menge Hornspäne und Urgesteinsmehl beim Umsetzen mit eingestreut.
Bei der Kompostsilo-Umsetzung kommt das zuoberst gelagerte Material in einem weiteren Silo zuunterst, das noch kaum angerottete Material von den Wänden wird innen neu aufgeschichtet. Also eine gute Durchmischung der gesamten kompostierbaren Abfälle. Auch hierbei werden Hornspäne und Urgesteinsmehl eingestreut. Der nun entleerte Silo kann im Laufe der Saison wieder neu befüllt werden. Auf diese Weise sind ständig mindestens zwei Kompostsilos in Gebrauch, um stets gut verrotteten Kompost zur Verfügung zu haben.
Der Zusatz eines Kompostbeschleunigers ist nur dann notwendig, wenn das eingebrachte Kompostiermaterial zu grob war und die Umsetzung zu langsam vorangeht.

Düngung

Jetzt im Frühjahr kann mit gut verrottetem Kompost und Hornmehl auf Vorrat gedüngt werden. Die Nährstoffe aus diesen Quellen werden aber erst im Laufe der Saison wirksam. Wer rasch einen Nährstoffmangel beheben will, muss zu Mineraldünger (Blaukorn, Nitrophoska oder DC rot) greifen.

Wühlmaus-Zangenfalle

Wühlmaus im Salat (Kummert)

Schutz der Jungpflanzen

Der Schutz der Jungpflanzen vor Vogelfraß ist wichtig, engmaschige Netze oder Gartenvlies helfen gut. Über das Beet werden entweder Drahtbügel oder lange Weidenruten in Tunnelform gesteckt und darüber das Netz oder Vlies gespannt. Auf eine gute Windsicherung durch Beschweren oder Eingraben am Rand kann nicht verzichtet werden.
Auch die Wühlmäuse müssen nun bekämpft werden. Wühlmausköder oder Fallen dabei nie mit der Hand berühren! Wühlmäuse haben gute Nasen und merken den Menschengeruch. Daher Handschuhe anziehen, diese gut mit Erde abreiben und dann den Köder oder die Falle in den freigelegten Wühlmausgang einlegen. Als Anlockfutter für Wühlmäuse haben sich kleingeschnittener Sellerie oder Karotten bewährt. Der Gang muss anschließend wieder licht- und luftdicht mit Brettern oder Rasenziegeln abgeschlossen werden.
Der Maulwurf hingegen darf nicht bekämpft, sondern nur vertrieben werden, denn er steht unter Naturschutz! Ständig ist er auf Futtersuche, muss er doch im Laufe des Tages etwa so viele Regenwürmer fressen, wie sein eigenes Körpergewicht beträgt. Der Maulwurf frisst nie Pflanzenwurzeln, er schädigt nur durch seine Grabetätigkeit. Mit Räucherpatronen – in den Gang gesteckt – lässt sich der Maulwurf leicht vergrämen.

Erstfrühling

Blüte des Schlehdorns

Knospenbildung der Birne

Blüte des Buschwindröschens

Blüte des Löwenzahns

Blüte der Kirsche

Erstfrühling

Wenn sich auf den noch blattlosen Zweigen der Forsythie die leuchtend gelben Blüten öffnen, dann hat der Erstfrühling unsere Gärten erreicht. Wechselhaftes Wetter mit starken Rückschlägen sind die atmosphärischen Unbilden, die im Erstfrühling die Freude über das Erblühen trüben können. Daher muss man sich mit dem Auspflanzen frostgefährdeter Sommerblumen noch etwas zurückhalten. Im Erstfrühling sind plötzliche Wetterumschwünge und Spätfröste eine stete Gefahr.

Buschwindröschen

Der Erstfrühling gliedert sich in drei Entwicklungsphasen. (1) Den Anfang zeigt die beginnende Blüte der Forsythie an. Ein zusätzliches Kennzeichen ist der Austrieb der Birken und Rosskastanien sowie die Blüte von Buschwindröschen und Himmelsschlüsseln.

(2) In der Mitte des Erstfrühlings, meist etwa 14 Tage später, erblühen die Schlehdornsträucher und die Stachelbeeren. Die Rosskastanien und die Birken entfalten nun ihre Blätter.

(3) Das Ende des Erstfrühlings und der Übergang zum zukünftigen Vollfrühling läuten die Blüten von Kirschen und Birnen ein. Gleichzeitig kommt der Löwenzahn zur Vollblüte und die Buchen entfalten ihre Blätter.

Die Forsythie (*Forsythia intermedia*), auch Goldglöckchen genannt.

Mandelbäumchen (*Prunus triloba*)

Ziergarten

Rosenschnitt-Erinnerung

Wer bis jetzt seine Rosen noch immer nicht geschnitten hat, sollte dies sofort nachholen. Dabei wird wie in der Vorfrühlings-Anleitung (→ S. 16-18) vorgegangen. Durch den späten Rückschnitt beginnen die Rosen nun auch später zu blühen.

Ziersträucherschnitt I

Alle Blütensträucher, wie Forsythien (*Forsythia intermedia*), Deutzien (*Deutzia magnifica*), Schneeball (*Viburnum* spec.) und andere, die jetzt und im Vollfrühling blühen, werden erst nach der Blüte zurückgeschnitten. Dann entwickeln sie neue Triebe und Blütenknospen für das nächste Jahr.
Im Sommer blühende Sträucher – wie z. B. der Schmetterlingsstrauch (*Buddleja davidii*) oder der Garteneibisch (*Hibiscus syriacus*) werden schon im Zeitraum des Erstfrühlings kräftig zurückgeschnitten. Der Garteneibisch treibt üblicherweise erst gegen Ende des Erstfrühlings aus. Trotzdem sollte der Strauch jetzt um etwa ein Drittel zurückgeschnitten und ausgelichtet werden.

Ziersträucherschnitt II

Bei fast allen Ziersträuchern müssen im mehrjährigen Intervall die ältesten Äste he-

Schematische Darstellung eines Zierstrauches vor dem Schnitt

Im mehrjährigen Rhythmus werden die ältesten Äste herausgeschnitten oder auf einen kräftigen Jungtrieb zurückgenommen.

rausgeschnitten werden. Sie sind meist an ihrer dunkleren oder borkigen Rinde erkennbar. Wenn regelmäßig ausgelichtet wird, sind die Sträucher wieder wuchs- und blühfreudiger.
Wenn an den Triebspitzen nur mehr kurze Ästchen wachsen, werden sie bis zu einem stärkeren Jungtrieb zurückgeschnitten. Der Jungtrieb hat dann die Kraft für neue Blütenknospen.
Beim Bubikopfschnitt werden nur die äußeren Triebspitzen entfernt, was dem Strauch

Mehrfach geblühte Kurztriebe werden zurückgeschnitten.

Falscher Schnitt: Beim „Bubikopfschnitt" werden nur die Astspitzen gekürzt, im Strauchinneren sterben die älteren Äste ab.

So sieht ein falsch geschnittener Strauch im Herbst aus.

ein unnatürliches Aussehen verleiht. Dabei werden fast immer die ältesten Äste im Strauchinneren belassen, das führt zu Lichtmangel und Absterben der Äste. Die zurückgeschnittenen Stellen treiben verstärkt, aber schwach und dünntriebig aus. Dies kann zu einem vorzeitigen Absterben des Strauches führen.

Sträucherpflege

Bei allen Ziergehölzen, vor allem bei den Blütensträuchern, wird jetzt Mulch aufgebreitet, um den Unkrautwuchs zu verhindern. Eine Mulchschicht aus Torfersatzmitteln oder Rindenkompost hält den Boden feucht und verhindert gleichzeitig das Keimen von Samenunkräutern. Gemeinsam mit dem Mulchmaterial wird zur Düngung der Sträucher reifer Kompost und/oder Mineraldünger mitgestreut.

Wurzelunkräuter unter Sträuchern

Wachsen nach Erfahrung vom letzten Jahr auch Wurzelunkräuter unter den Sträuchern, dann werden vor dem Mulchen Mulchfolien

oder Kartonplatten aufgelegt. Diese Methode wirkt sehr gut gegen Giersch/Geißfuß (*Aegopodium podagraria*) und Gundelrebe (*Glechoma hederacea*).
Auch die lästige Zaunwinde (*Calystegia sepium*), deren Wurzeln oft weit verbreitet wuchern, kann mit aufgelegtem Karton oder Mulchfolie zum Absterben gebracht werden. Quecken (*Elymus repens*) treiben mit einer Spitze aus dem Boden, die perforierte Mulchfolien durchstoßen kann. In diesem Fall ist es besser, mehrere Lagen Karton auf deren Wuchsbereich aufzulegen.
Darüber kommt dann das Mulchmaterial. Die Mulchschicht sollte etwa 5 cm stark sein. Durch Lichtmangel sterben die Unkräuter nach einiger Zeit ab. In besonders hartnäckigen Fällen muss diese Methode über längere Zeit wiederholt werden.
Als Mulchmaterial kann auch Rindenmulch verwendet werden. Zur Neutralisierung der Rindensäure wird etwa 100 bis 150 g Düngekalk oder 20 bis 30 g Kalkammonsalpeter pro Quadratmeter zusätzlich gestreut.
Auch unter Heckensträuchern kann, soweit dies arbeitstechnisch möglich ist, mit dieser Methode der Unkrautwuchs unterbunden werden. Sonst hilft nur mehrmaliges Jäten der Unkräuter. Wenn Wurzelunkräuter ausgegraben werden, sollten sie unbedingt einige Tage in der Sonne liegengelassen werden, damit sie austrocknen. Erst dann können sie am Kompost zur Verrottung gelangen.

Giersch oder Geißfuß, auch Erdholler genannt.

Die Zaunwinde klettert auf Sträucher und Stauden.

Die Gundelrebe (*Glechoma hederacea*) kann flächendeckend alles bewachsen.

Schneckenbekämpfung

In der nächsten Zeit beginnen die Schnecken aus ihrem Winterquartier auszuwandern. Zu ihrer Erstbekämpfung wird Schneckenkorn mit dem Wirkstoff Eisen-III-Phosphat gestreut. Die Farbe und der Geschmack der Körner halten Vögel und andere Tiere davon ab, das ungiftige Schneckenbekämpfungsmittel zu fressen. Das Präparat soll breitwürfig nach Angabe auf der Verpackung gestreut werden. Beim Streuen kleiner Häufchen werden zu wenige Schnecken angelockt.

Pflanzzeit

Für Stauden, Sträucher und Bäume ist nun die beste Pflanzzeit. Wichtig vor der Pflanzung ist, dass sich die Wurzeln zugekaufter Pflanzen einige Stunden in einem ausreichend großen Gefäß mit Wasser ansaugen können. Ballen-, Container- oder Topfware wird so lange eingetaucht, bis keine Luftblasen mehr aufsteigen.
Vor der Pflanzung müssen noch alle Wurzeln auf Verletzungen überprüft werden. Gebrochene, geknickte und sonstig verletzte Wurzeln werden mit einer scharfen Gartenschere oberhalb der Verletzung abgeschnitten.
Das Pflanzloch muss etwa doppelt so groß sein, wie der Wurzelbereich der Pflanze ist. Zur Bodenverbesserung wird die ausgehobene Gartenerde mit gut einem Drittel reifem Kompost oder Torfersatzmitteln gemischt. Einige Körner Langzeitdünger dürfen ebenfalls in die Pflanzerde eingemischt werden.
Zu groß gewordene Stauden, sofern es sich nicht um Frühjahrsblüher handelt, können jetzt geteilt und verpflanzt werden. Sie blühen als verjüngte Pflanzen wieder schöner und üppiger.

Staudenbeet

Eine Bodenverbesserung mit organischem Material (Kompost, Hornspäne) und eine ausreichende Bewässerung sind jetzt besonders wichtig. Kompost und Hornspäne werden zwischen den Stauden aufgestreut und nur oberflächlich eingearbeitet. Die Wurzeln der Stauden wachsen jetzt aus dem Bereich

Rittersporn (*Delphinium*-Hybride)

der Pflanze hinaus und würden bei einer tieferen Bodenbearbeitung unnötig verletzt werden.

Stauden verjüngen

Ältere Staudenbeete sind manchmal völlig verkrautet. Bei der Renovierung solcher Beete werden die Stauden dadurch verjüngt, dass man sie teilt. Alle Stauden, die im Frühjahr blühen, wie zum Beispiel die verschiedenen Steinkräuter (*Alyssum*), Gemswurz (*Doronicum*) oder der polsterbildende Phlox werden am besten nach der Blüte geteilt.
Andere horstbildende Stauden wie Sonnenhut (*Rudbeckia*), Margerite (*Chrysanthemum*), Rittersporn (*Delphinium*) und viele andere werden vorsichtig ausgestochen, je nach Größe mit dem Spaten oder einem langen Messer, in mehrere Teile geteilt und an einem anderen Platz wieder eingesetzt. Wegen allfälliger Bodenmüdigkeit sollte man sie nicht wieder am gleichen Platz pflanzen!

Bodenmüdigkeit

Bodenmüdigkeit ist eine allgemeine Bezeichnung für einen erschöpften Boden. Nach einigen Jahren haben Stauden der Erde die für sie wichtigen Nährstoffe und Spurenelemente entzogen. Werden geteilte Stauden an der gleichen Stelle wieder gepflanzt, kümmern sie nur und wachsen nicht mehr so freudig. Hingegen können andere Staudenarten aber, nach einer Bodenverbesserung mit Kompost und Mineraldünger, an deren Stelle gepflanzt werden.

Zierbaumpflanzung

Vor der Pflanzung eines wurzelnackten Baumes sollte er einen Tag ins Wasser gestellt werden. Inzwischen wird das Pflanzloch großzügig ausgehoben und die Aushuberde mit Kompost oder Torfersatzstoffen gut vermischt. Dann wird der Stützpfahl in die Grube geschlagen.

Vor der Pflanzung werden die Wurzeln frisch angeschnitten. Durch die Wundreizwirkung bilden sich nach der Pflanzung rasch neue Wurzeln.

Der Baum wird mittig ins Pflanzloch gestellt und die Wurzeln um den Stützpfahl gruppiert. Den Baum am besten so in die Pflanzgrube stellen, dass der Pfahl in der Hauptwindrichtung steht. Dann wird die gut gelockerte Aushuberde in die Pflanzgrube geschaufelt und dabei der Baum ständig leicht gerüttelt, damit die Feinerde zwischen die Wurzeln rieseln kann.

Bei der Pflanzung eines Baumes mit Ballen wird genauso wie bei wurzelnackten Gehölzen vorgegangen, nur wird der Stützpfahl erst nach der Pflanzung schräg eingeschlagen, ohne dass der Ballen verletzt wird.

Bäume mit Ballen oder aus dem Container werden vor der Pflanzung so lange ins Wasser gestellt, bis keine Luftblasen mehr aufsteigen.

Nach der Pflanzung und dem Festtreten der Erde sollte eine Gießmulde ausgebildet werden, damit beim reichlichen Eingießen das Wasser nicht aus dem Pflanzbereich wegfließen kann. Nach dem gründlichen Wässern setzt sich die Erde noch etwas.

Abschließend wird der Baumpfahl so gekürzt, dass er nicht in die Baumkrone ragt. Danach wird der Baum – am besten mit einem Kokosstrick – an den Pfahl gebunden. Die Anbindung sollte als Achterschlinge geführt und nicht zu fest (mit etwas Spielraum) sein. In den ersten Jahren soll die Baumscheibe immer frei von Unkrautbewuchs gehalten werden.

Bei wurzelnackten Bäumen wird der Stützpfahl vor der Pflanzung geschlagen.

Bei Bäumen mit Wurzelballen wird der Stützpfahl schräg eingeschlagen.

Dazu wird die Baumscheibe mit Rindenmulch oder halb fertiger Komposterde abgedeckt. Das hält die Erde gleichmäßig feucht.

Pflanzung eines Rhododendrons

Rhododendren und Azaleen zählen heute zu sehr beliebten Gartengehölzen. Ihre Vielfalt an Arten und Sorten, die sich im Wuchsbild, in Blütenformen und Farben erheblich unterscheiden, ist unendlich groß. Es gibt Rhododendren, von kleinsten Zwergsträuchern über große Büsche bis zu solchen, die so groß wie Bäume werden. Bei entsprechenden Wachstumsbedingungen können sie sehr alt werden. Botanisch gibt es keinen Unterschied, alle Arten heißen Rhododendron. Es hat sich aber eingebürgert, dass die großblättrigen Arten Rhododendren, die kleinblättrigen hingegen Azaleen genannt werden.

Für Rhododendren bestens geeignete Böden sind sauer bis leicht sauer (pH 4 – 5,5), humusreich und wasserdurchlässig. Auch leichte Sandböden sind unter Umständen geeignet. Zur Wasserspeicherung muss aber viel Humus zugeführt werden. In den Gärten sind meist Böden mit höherem pH-Wert vorhanden, daher empfiehlt sich die Anlage eines eigenen Moorbeetes für die Rhododendren.

Dazu wird eine Grube mit einer Tiefe von etwa ¾ bis 1 m ausgehoben. Ist der Boden sehr lehmig und dadurch wasserundurchlässig, dann sollte eher noch tiefer gegraben werden. Die Größe der Grube richtet sich nach der Anzahl der zu pflanzenden Rhododendren. Für jeden Stock ist ungefähr seine doppelte Höhe als Grubendurchmesser zu rechnen. Sträucher mit 50 cm Höhe brauchen daher mindestens 1 m breite Pflanzlöcher. Rhododendren und Azaleen sind Flachwurz-

Jetzt werden in Gartencentern junge Rhododendron-Pflanzen angeboten.

Zu dicht gepflanzte Rhododendren behindern sich schon nach einigen Jahren.

ler, gehen also mit ihren Wurzeln nicht in die Tiefe. Mit zunehmendem Größenwachstum der Pflanze wird auch der Durchmesser des Wurzelraumes immer größer. Daher ist eine eher 1,5 bis 2 m große Pflanzgrube für die langjährige Entwicklung von Vorteil.

Rhododendren können bis zu 3 m und mehr hoch und breit werden. Daher soll der Pflanzabstand großzügig bemessen sein. Der doppelte Durchmesser der Krone ist der Mindestabstand, sonst sind in längstens 4 bis 5 Jahren die Sträucher zusammengewachsen und behindern sich gegenseitig.

In die ca. 70 bis 100 cm tiefe Grube kommt nun eine 20 bis 30 cm hohe Schicht aus klein gehacktem Holz, zusammengeschnittenen Ästen und Zweigen oder sonstigem unbehandeltem Abfallholz. Diese Schicht dient als Drainage und kann festgetreten werden.

Auf diese meist etwas grobe, lockere Schicht kommt nun Stroh oder Laub vom letzten Herbst. Laub und Stroh haben nur den Zweck, die nächste Schicht am Durchrieseln bis zum Boden der Pflanzgrube zu hindern. Ihre Höhe wird je nach vorhandenem Material bemessen, es genügen 10 bis 20 cm.

Die nächste Lage besteht aus gut verrottetem, kalkfreiem Kompost. Noch enthaltene, nur teilverrottete Anteile müssen nicht ausgesiebt werden. In diesen Kompost kann zur Streckung ein Drittel Rindenmulch eingemischt werden. Diese Schicht wird etwa 30 cm hoch aufgebaut. Darauf kommt nun die oberste Lage aus Rhododendron- oder Moorerde und Torfersatz, gemischt mit Rindenmulch (40 bis 50 cm hoch) mit ausreichend Hornspänen als Startdüngung. Vor der Pflanzung wird das ganze Material etwas festgetreten und gut angegossen. Das Niveau des frisch angelegten Beetes kann höher sein als die angrenzende Fläche, sie setzt sich bald durch das Verrotten der Schichten. In diese oberste Schicht können anschließend die Rhododendren gepflanzt werden, nachdem die Wurzelballen nochmals gründlich gewässert wurden.

Als Bodenabdeckung wird nun Rindenmulch oder fein geschreddertes organisches Material aufgetragen. Zerkleinerte Nadelbaumäste, Heckenschnitt und Ähnliches (kein Rasenschnitt) kann dafür verwendet werden. Als Startdüngung werden Hornspäne in das Mulchmaterial eingemischt.

Kübelpflanzen

Die Kübelpflanzen können jetzt schon vorsichtig an Licht und Luft gewöhnt werden. Aber da noch Nachtfröste zu erwarten sind, sollten sie in der Nähe des Winterquartiers bleiben. Bei Frostgefahr müssen sie aber noch gut geschützt werden, deshalb Abdeckfolien oder ähnliches bereithalten. Wenn tiefe Temperaturen angesagt werden, ist es besser, die Pflanzen nochmals kurz ins Winterquartier zu räumen.

Enzianstrauch (*Lycianthes rantonetti*)

Für die ersten Tage brauchen die Kübelpflanzen noch einen absonnigen Platz, damit sie sich langsam wieder an Licht und Sonne gewöhnen können. Sie werden daher in den ersten Tagen so aufgestellt, dass sie wohl volles Licht aber keinen direkten Sonnenschein bekommen.

Reicher Balkonschmuck

Balkonkistchen und Blumentöpfe vorbereiten

In wenigen Wochen beginnt die Auspflanzung der Sommerblumen in Blumenkästen (Balkonkistchen). Die alte Erde ist unbedingt zu entfernen, sie kann im Garten zur Bodenlockerung verwendet werden oder kommt auf den Kompost.

Blumenerde wird in größeren Säcken für Topfblumen angeboten. Eine bessere Zusammensetzung weisen teure Erden (Substrate) auf. Es ist wichtig, ein qualitativ hochwertiges Pflanzsubstrat zu verwenden. Die wichtigsten Bestandteile sind Torf oder Torfersatzstoffe wie Kokosfasern, Holzfasern, sowie gut abgelagerter Kompost, Ton zur Wasserspeicherung und Beischlagstoffe wie Perlit, die die Erde locker halten.

Billig-Erden bestehen meist aus Rohkompost mit geringen Tonbestandteilen. Oftmals enthalten solche Erden noch pflanzenschädigende Gase, Unkrautsamen oder gar Krankheitskeime, die dann nach kurzer Zeit die Balkonpflanzen traurig aussehen lassen.

Kompost als Blumenerde

Für Blumentöpfe und -kistchen darf nur völlig verrotteter Kompost verwendet werden, er muss also etwa 2 bis 3 Jahre alt sein. Frischer Kompost kann durch seine noch in Umsetzung befindlichen Vorgänge für die Pflanzenwurzeln schädigend bis giftig sein. Die Komposterde soll aber mit lehmiger Gartenerde oder handelsüblicher Blumenerde halb/halb gemischt werden.

Kaiserkronen-Schutz

Manchmal passiert es, dass eine junge Kaiserkrone, deren Blätter etwa 20 bis 30 cm aus dem Boden ausgetrieben haben, eines Morgens zerfranst oder ganz zerstört ist, sodass in der Folge keine Blüte entsteht.
Die Ursache war dann meist der nächtliche Besuch eines Igels. Er wälzt sich gern in den Blättern, damit er durch den stark riechenden Saft von seinen Flöhen befreit wird.
Die einzige Hilfe gegen die Zerstörung der Kaiserkronen ist der Bau eines ca. 30 cm hohen Zaunes rund um die eben austreibenden Pflanzen. So sind sie sicher vor dem kleinen Störenfried geschützt.

Sommerblumensaat

Sobald Rosskastanien und Birken ihre Blätter entfalten, können Sommerblumen direkt ausgesät werden. Geeignet sind z. B. Schmuckkörbchen (*Cosmos*), Jungfer im Grünen (*Nigella*), Kornblumen (*Centaurea*), Ringelblume (*Calendula*), Kalifornischer Mohn (Eschscholzia) und andere. Als herabhängende Mauerbegrünung oder auch als Kletterpflanze kann jetzt Kapuzinerkresse (*Tropaeolum*) ausgesät werden. Je weniger die Kapuzinerkresse gedüngt wird, desto reichlicher blüht sie. Die Blüten sind essbar und werden als Verzierung in Salate eingemischt. Unreife Samenkapseln können, in Essig und Salzlake eingelegt, als Kapernersatz verwendet werden.
Nach der Aussaat sollte Gartenvlies bereit-

Der sichere Schutz einer Kaiserkrone gegen Zerstörung durch einen Igel.

Jungfer im Grünen (*Nigella damascena*)

Garten-Ringelblume (*Calendula officinalis*)

gehalten werden, damit die junge Saat bei drohenden Nachtfrösten rasch abgedeckt werden kann. Wichtig ist nach dem Auflaufen der Sämlinge das Vereinzeln (Auszupfen) zu dicht gesäter Pflanzen, damit jede Blume genug Platz zum Wachsen hat.

Cannas blühen von Juni bis September immer wieder.

Gladiolen

Diese Knollenpflanzen können ab dem Kastanienaustrieb gepflanzt werden. Gladiolen sollten in 14-tägigen Etappen gesetzt werden, damit nicht alle zum gleichen Zeitpunkt blühen. Da Gladiolen bis zu 1 m hoch werden, fallen sie bei zu flacher Pflanzung leicht um. Um sie nicht später einzeln stützen zu müssen, sollte man sie mindestens 15 cm tief setzen.

Weitere nicht winterharte Blumenzwiebeln und -knollen wie z. B. Montbretien (*Crocosmia*), Freesien (*Freesia*), Sterngladiolen (*Gladiolus calicanthus*), Inkalilie (*Alstroemeria*) und andere können ebenfalls schon gepflanzt werden.

Dahlien und Cannas vortreiben

Diese frostempfindlichen Knollen müssen jedes Jahr frisch gepflanzt werden. Bei kühlerem Wetter treiben sie jedoch nicht willig an und die Blüte erscheint spät. Günstig ist es, die Knollen in einem Kübel oder großen Topf mit durchlöchertem Boden vorzutreiben.

Ab Mitte April werden die trockenen Wurzelknollen einen Tag lang in lauwarmes Wasser

gelegt und dann in den Kübel gepflanzt. Die Erdschicht über dem Wurzelhals muss etwa 5 cm hoch sein. Zunächst wird ein warmer Standort gewählt und die Erde feucht, aber nicht nass gehalten. Sobald die Triebe sichtbar sind, kommt die Pflanze ans Licht. Bis zu den Eisheiligen (Eismännern) entwickeln sich kräftige Pflanzen, die dann im Garten ausgepflanzt werden können.
Empfehlenswert ist, schon bei der Pflanzung der Dahlien Stützstäbe zu stecken. Denn später trifft man dabei unweigerlich die Knollen der Dahlie, was zu einem Verfaulen der Speicherorgane führt!

Hirschgeweih-Dahlie ‚Hapet Perfekt'

Knollenbegonien

Knollenbegonien

Diese mit exotisch-schönen Blüten prunkenden Pflanzen kommen jetzt aus der Winterruhe. Die alten Knollen vom Vorjahr werden genau untersucht, ob sie fest und hart, aber nicht vertrocknet sind. Zum Antreiben am besten Töpfe mit einem Durchmesser von etwa 12 cm verwenden. Als Substrat sollte durchlässige Aussaaterde verwendet werden, in das man die Knolle mit der leicht vertieften Oberseite etwa 5 cm unter der Erdoberfläche einbringt. Die Töpfe werden mäßig angegossen und bei einer Temperatur von 15 bis 20 °C aufgestellt. Wenn die ersten Triebspitzen aus der Erde hervorsehen, dann werden die Begonien so hell wie möglich (aber nicht in der prallen Sonne) bei etwa 15 °C bis zur Auspflanzung nach den Eisheiligen (Eismännern) gepflegt. Knollenbegonien lieben eine Pflanzung im Halbschatten, jedoch keine direkte Sonne.

Vertikutieren

Die Rasengräser beginnen ab etwa 5 °C zu wachsen. Dadurch hält sich das Rasenwachstum nicht immer an die Jahreszeiten der Natur. Aber danach richtet sich auch das Vertikutieren (Anritzen der Grasnarbe und Ausputzen der Zwischenräume). Nicht eher

Rasenlüfter (Vertikutierer)

als nach dem ersten Rasenmähen sollte diese Reinigungsarbeit geschehen. Auch muss der Boden genügend abgetrocknet sein, damit das zu entfernende Material gut zwischen den Rasenpflanzen herausgeholt werden kann.

Nach dem Vertikutieren wird sehr gut verrotteter Kompost und/oder Rasen-Langzeitdünger ausgebracht. Langzeitdünger braucht zwar etwas länger bis er zur Wirkung kommt, dafür gibt er seine Nährstoffe über einen längeren Zeitraum gleichmäßig an den Rasen ab.

Rasensaat und -pflege

Ab der Blüte des Löwenzahns kann mit einer Rasensaat begonnen werden. Egal ob nur einzelne Stellen ausgebessert werden oder eine komplette Neuanlage durchgeführt

Streuwagen für Rasendünger und Grassamen

wird, ab jetzt ist der Boden warm genug, dass die Grassamen rasch keimen können. Als Sämerei sollte für den Garten nur eine robuste Mischung, z. B. eine Sportplatzmischung ohne Klee, verwendet werden. Die richtige Aufwandmenge an Saatgut ist 30 bis 50 g pro m^2.

Vor jeder Neueinsaat sollten zuerst alle Wurzelunkräuter mit möglichst allen Wurzelteilen ausgegraben werden. Bei jeder weiteren Bodenbearbeitung würden diese Wurzeln nur verteilt werden und später Probleme im Rasen verursachen. Größere Flächen werden dann feinkrümelig umgearbeitet, am besten mit einer Gartenfräse. Anschließend wird die bearbeitete Fläche mit einem Rechen so lange glattgezogen, bis eine völlig glatte Ebene hergestellt ist.

Kleinere Fehlstellen im Rasen werden mit einem scharfen Eisenrechen oder besser mit dem Rasenlüfter aufgeraut und ausgeputzt.

Damit der Grassamen gleichmäßig verteilt wird, werden zuerst 50 g Grassamen mit einer Brief- oder Küchenwaage abgewogen und dann so gleichmäßig wie möglich auf eine glatte Erdfläche von 1 x 1 m verteilt. Dann hat man das „Streubild" für die Aussaat. Vorteilhaft ist, das Saatgut 1:1 mit feinem Sand zu mischen, dadurch lässt es sich gleichmäßiger mit der Hand ausstreuen. Auch wenn ein Streuwagen verwendet wird, ist diese Streubild-Darstellung für die Einstellung des Streuwagens vorteilhaft.

Nach dem Streuen des Grassamens wird der Samen gleichmäßig eingerecht, festgewalzt oder festgetreten und gut bewässert. Zur Bewässerung sollte ein feintropfiger Regner aufgestellt werden. Erleichtert wird die Bemessung der Beregnung durch das Aufstellen eines Regenmessers im Wurfbereich. Sobald etwa 15 bis 20 Teilstriche im Regner gefüllt sind, reicht die Beregnungsmenge. Völlig falsch ist es, wenn aus dem Gartenschlauch gespritzt wird. Nach der Beregnung darf die gewässerte Fläche mindestens einen Tag nicht betreten werden.

Bis zum Auflaufen des Grases muss der Boden gleichmäßig feucht gehalten werden. Da der Grassamen knapp unter der Erdoberfläche liegt, würde er beim Austrocknen der Erde seine Keimfähigkeit verlieren.

Narzissengruppe im Rasen

Düngung des Rasens

Nach dem Vertikutieren ist der Rasen für eine Düngung mit organischen Düngern (z. B. Hornspänen), gut verrottetem Kompost oder mit einem Langzeitdünger jetzt sehr dankbar. Rasch wirkende Mineraldünger wie Blaukorn, Rotkorn, Nitrophoska usw. lassen das Gras rasch ergrünen und fördern ein kräftiges Wachstum. Die etwas teureren Langzeitdünger bewirken, dass das Gras nicht nur kurzfristig „ins Kraut schießt", sondern gleichmäßig im Sommer grün bleibt. Dichtes sattes Grün ohne Moos ist jedem Gartenbesitzer lieber als braune Fehlstellen. Durch das regelmäßige Mähen wächst das Gras stärker und so nimmt jede Graspflanze vermehrt Nährstoffe aus dem Boden auf. Bei einer Verarmung des Bodens an Nährstoffen kann es dann vor allem im Sommer zum Absterben der Gräser und zu braunen Fehlstellen kommen. Im Schattenbereich wächst dann sogar Moos.

Zwiebelblumen im Rasen

Die im Herbst in den Rasen gepflanzten Zwiebel- und Knollenpflanzen sind nun teilweise verblüht. Aber auch nach deren Blüte darf noch nicht gemäht werden. Erst wenn alle grünen Blätter von Schneeglöckchen (*Galanthus nivalis*), Frühlings-Knotenblume/ Märzenbecher (*Leucojum vernum*), Krokus (*Crocus* Hybr.) und anderen vergilbt sind, kann erstmalig gemäht werden. Wer schon vorher das Gras kurz hält, verhindert, dass diese Frühblüher Reservestoffe für das nächste Jahr erzeugen. Dann können in den Zwiebeln und Knollen keine Blütenknospen für eine nächstjährige Blüte gebildet werden.

Krokusse in der Wiese setzen erste Farbtupfer.

Rosenblattläuse

Ab Ende des Erstfrühlings beginnen die ersten Blattläuse an den Rosentrieben zu saugen. Durch ihre Saugtätigkeit verkrüppeln die Rosentriebe. Sie sollten daher so rasch wie möglich mit einem nicht bienengefährlichen Mittel bekämpft werden. Auch können sie durch vorsichtiges Abspritzen mit einem Wasserstrahl vertrieben werden.
Selbsthergestellte Schmierseifenlösungen sind zu diesem Zeitpunkt nicht zu empfehlen, da die Schmierseife unter Umständen die zarten Rosenblättchen verätzt.

Ameisen

Wenn Ameisen im Garten lästig sind, kann man mit einem einfachen Trick versuchen, diese Tiere auf Dauer zu entfernen. Dazu wird ein mit Holzwolle gefüllter Blumentopf (nicht aus Kunststoff) mit der Öffnung nach unten auf die Ameisenstraße oder das Nest gestellt. Die Ameisen werden nach einiger Zeit beginnen, ihr Nest in den Blumentopf umzusiedeln. Nach einigen weiteren Tagen kann der Blumentopf vorsichtig aufgenommen und das Nest in der Natur ausgesetzt werden.

Birnenblütenknospen

Obstgarten

Für den Obstgarten ist die Blüte des Schlehdorns (*Prunus spinosa*) am Waldesrand ein wichtiges Richtungssignal. Ab diesem Stadium können im Obstgarten verschiedenste Pflegearbeiten durchgeführt werden.

Nachwinterspritzung

Genau zu diesem Zeitpunkt können überwinternde Schädlinge wie Spinnmilben, Schildläuse und Blattläuse erfolgreich bekämpft

Gewöhnliche Schlehe am Waldesrand

werden. Da diese Schädlinge noch vor ihrem Schlupf aus den Wintereiern erwischt werden müssen, ist nur dieser Zeitpunkt günstig. Zur Bekämpfung dieser Schädlinge wird „Austriebsspritzmittel" verwendet. Es muss aber darauf geachtet werden, dass auf der Verpackung des Präparates als Wirkstoff „Paraffinöl" genannt wird. Andere Austriebsspritzmittel haben eine ungenügende Wirkung. Der Baum oder Strauch muss mit der Spritzbrühe richtig „gewaschen" werden, damit das Mittel in alle Ritzen mit Schädlingen dringen kann. Die Spritzung darf aber nicht unmittelbar vor Nachtfrösten durchgeführt werden.
Spritzungen, die vor oder nach der Schlehenblüte mit Austriebsspritzmittel erfolgen, sind in ihrer Wirkung meist ungenügend. Wenn keine Schlehdorn-Beobachtung möglich ist, wählt man Birnen- oder Zierkirschenblüten. Knapp bevor sie sich öffnen, kann ebenfalls als richtiger Zeitpunkt gewählt werden.

Baumschnitt

Der Winterschnitt von Apfel und Birne sollte jetzt abgeschlossen werden. Je später die Bäume geschnitten werden, desto geringer ist der Austrieb im Sommer.
Der Schnitt von Zwetschgen, Mirabellen und Pflaumen ist erst nach der Blüte möglich. Dann ist der Baum soweit, dass er die Schnittstellen rasch abschließen kann und sich vor dem Eindringen von schädlichen Pilzen und Bakterien schützen kann. Kirschen, Sauerkirschen (Weichseln), Aprikosen (Marillen), Pfirsiche und Nektarinen werden erst nach der Ernte geschnitten.
Nussbäume sollten erst im August geschnitten werden. Der jetzt nach einem Schnitt austretende Baumsaft schädigt den Baum zwar nicht, aber der herabrinnende Saft verunstaltet den Nussbaum.

Obstpflanzung

Für Aprikosen- (Marillen-) und Pfirsichbäume ist jetzt die richtige Pflanzzeit. Je nach Unterlagenart muss der richtige Pflanzabstand zu den anderen Bäumen beachtet werden. Marillenbäume können große Kronen bekommen. Bei der Obstbaumpflanzung müssen die gleichen Pflanzbedingungen beachtet werden wie bei der Zierbaumpflanzung (→ S. 33). Pflanzen, die im Topf geliefert werden, können das ganze Jahr über gepflanzt werden.

Tafeltrauben

Weinreben und Tafeltrauben können nun gepflanzt werden. Als Pflanzmaterial werden wurzelnackte Propfreben oder solche in Containern verwendet. Bei der Pflanzung muss darauf geachtet werden, dass die Veredelungsstelle über der Bodenoberfläche ist. Kommt die Veredelungsstelle bei der Pflanzung unter die Erdoberfläche, schlägt das Edelreis eigene Wurzeln und ist dann nicht mehr gegen einen Reblausbefall sicher. Die Unterlage besteht immer aus einer reblausfesten Sorte.
Bis nach den Eisheiligen (Eismännern) wird aber die Veredelungsstelle mit lockerem Material vor Frosteinwirkung geschützt. Nach dem Austrieb muss die angehäufelte Erde wieder entfernt werden.
Beim Kauf von Speisetraubenpflanzen sollte darauf geachtet werden, dass es robuste und gegen Pilzkrankheiten tolerante Sorten sind. Als Speisetrauben sind die klassischen Keltertrauben nicht geeignet. Diese haben oft viele Kerne und eine festere Schale.

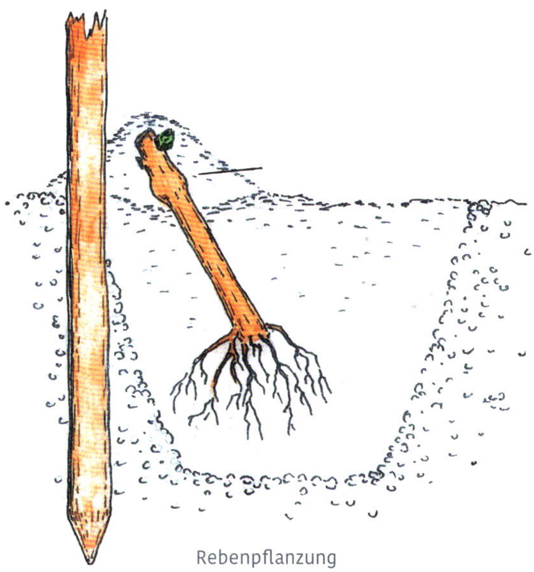

Rebenpflanzung

Brombeere ‚Navaho' (Wiesenhofer)

Brombeeren

An einer sonnigen Stelle im Garten gedeihen Brombeeren vorzüglich. Rankende Sorten brauchen einen Pflanzabstand von 3 bis 3,5 m, aufrecht wachsende Sorten benötigen nur 1 bis 1,5 m. Der Boden sollte vor der Pflanzung mit gut verrottetem Kompost humusreich werden. Sie brauchen unbedingt ein Rankgerüst oder ein Drahtspalier, das von beiden Seiten zugänglich ist. Nach der Pflanzung im Erstfrühling werden die Triebe auf 20 bis 30 cm zurückgeschnitten. Aus jedem Stock kann man bis zu 6 Triebe wachsen lassen. Diese Triebe werden gleichmäßig verteilt an das Gerüst angebunden. Der regelmäßige Rückschnitt der überzähligen Triebe verhindert, dass der Strauch ein undurchdringliches Gestrüpp wird. Eine Mulchdecke verhindert ein sommerliches Austrocknen der Pflanzstelle.

Gartenheidelbeeren (*Vaccinium corymbosum*)

Diese blauen, innen farblosen Beeren erfreuen sich immer höherer Wertschätzung als Naschobst im Garten. Sie müssen genauso wie Rhododendren und Ballhortensien in einem sauren Boden gepflanzt werden. Vor einer Heidelbeerpflanzung muss bei einer Bodenuntersuchung der pH-Wert des Bodens festgestellt werden. Nur wenn er einen pH-Wert unter 5,5 hat, ist er für die Heidelbeerpflanzung geeignet. Sonst muss eine Verbesserung durch Herstellen eines Moorbeetes oder die großzügige Einarbeitung von Rindenkompost und Moorerde erfolgen.

Nicht vergessen werden darf, die Sträucher beim Reifen mit einem Netz zu schützen, da Amseln und andere Singvögel eine Vorliebe für die blauen Beeren haben.

Auf ungeeignetem Boden können Gartenheidelbeeren auch im Container gezogen werden. Sie müssen mindestens 50 l Erde fassen können. Als Substrat wird Rhododendron-Erde verwendet. Diese Töpfe können in den Boden versenkt werden, müssen aber durch eine Tröpfchenbewässerung im Sommer ständig feucht gehalten werden. Damit auf schweren Böden der Wasserablauf gesichert ist, sollte unter den eingesenkten Containern eine Drainageschicht z. B. aus Tuffsteinsplit sein.

Freistehende schwarze Container werden bei Sonnenschein bis auf mehr als 45 °C aufgeheizt, was die Wurzeln im Topf schädigt. Daher sollten solche Töpfe mit hellem, wärmeabweisendem Material umwickelt werden.

Heidelbeere ‚Duke' (Wiesenhofer)

Gartenheidelbeerkultur in Containern

Himbeeren

Bei den zweimal tragenden Himbeeren werden die Ruten vor dem Austrieb auf 1,8 bis 2 m eingekürzt. Nach der zweiten Ernte werden die Ruten bodengleich abgeschnitten. Alle schwachen Triebe bis zum Boden herausschneiden, nur 8 bis 10 Stück der kräftigsten Triebe pro Meter bleiben stehen. Gesunde, mittelstarke Ruten bringen die besten Erträge.
Die einmal tragenden Herbsthimbeeren werden im Winter bis einige Millimeter über den Boden zurückgeschnitten, die neu aus dem Boden treibenden Ruten fruchten im Spätsommer.

Erdbeeren

Bei trockenem Wetter sollten die während des Herbstes und Winters aufgelaufenen Unkräuter durch flaches Hacken restlos entfernt werden.
Dabei kann gleichzeitig eine Düngergabe verabreicht werden. Als grober Anhaltspunkt werden Anfang bis Mitte des Erstfrühlings 20 g Mineraldünger pro m² ausgebracht. Die gleiche Menge wird nochmals während der Blüte vor der Stroheinlage gegeben.

Zwetschgen, Pflaumen

Etwa 3 Wochen nach der Blüte von Zwetschgen oder Pflaumen sollten Fallen-Häuschen gegen den Pflaumenwickler aufgehängt werden. Damit können viele Wicklermännchen weggefangen werden, bevor sie sich mit den Weibchen vereinigen können und es zur Eiablage kommt.

Pheromon-Falle gegen Wicklerfalter

Jungbäume wässern

Durch das geringe Wurzelvolumen haben Jungbäume einen viel höheren Anspruch an eine regelmäßige Bodenfeuchtigkeit. Egal, ob es sich um im Herbst oder jetzt im Frühjahr gepflanzte Bäume handelt – sie haben noch wenig Wurzeln und brauchen für ihr Wachstum ausreichend Wasser.
Besonders dann, wenn der Winter und das Frühjahr bisher wenig Niederschläge gebracht haben. Wässern in Trockenzeiten ist daher entscheidend für ein gutes Anwachsen der Bäume. Aber besser etwas sparsam gießen, dann wird das Wurzelwachstum gefördert.
Eine Kompostschicht auf der Wurzelzone bringt zusätzlich Nährstoffe und Bodenverbesserung. Die Abdeckung vermindert die Verdunstung und hält den Unkrautwuchs zurück. Eine zusätzliche Gabe von geringer Menge eines Volldüngers, also etwa 10 bis 20 g pro m² ernährt den Baum ausreichend und fördert die Wurzelbildung. Diese Kleingabe eines Volldüngers kann im Mai nochmals verabreicht werden.

Mulchen der Beerensträucher

Himbeer-, Johannisbeer- und Stachelbeersträucher bekommen jetzt eine reichlich mit Kompost oder Mulchmaterial versorgte Abdeckung. Diese Sträucher sind Flachwurzler. Jede Bodenbearbeitung rund um den Strauch zerstört viele Wurzeln. Unter einer Mulchschicht aus gehäckseltem Holz, Laub oder Rasenschnitt bleibt die Erde feucht und der Unkrautwuchs wird verhindert.
Bei den Strauchbeeren werden zusätzlich 30 g Volldünger pro Pflanze gegeben, bei den Himbeeren pro Laufmeter.
Schöne, lange, voll befruchtete Johannisbeerträubchen erhält man durch eine Gießbehandlung mit Borax. Denn das ansonsten fehlende Spurenelemente Bor verursacht eine unvollständige Befruchtung aller Johannisbeerblüten.
Dazu werden 10 g Borax in 10 l Wasser gelöst und davon je 5 l pro Strauch noch vor dem Austrieb gegossen.

Rindenpfropfen

Umveredeln von Obstbäumen

Gegen Ende des Erstfrühlings kann getestet werden, ob sich die Rinde bei den zu veredelnden Bäumen schon löst. Dann erst kann umveredelt werden. Die Voraussetzung für das Gelingen ist, dass die Bäume weder zu alt, noch wüchsig und vor allem gesund sind. Die Edelreiser müssen in der Winterruhe geschnitten und frostfrei gelagert worden sein. Die zu veredelnden Äste werden zuerst etwas höher abgeschnitten und knapp vor der Veredelung nochmals nachgeschnitten, damit man auf einen frischen Schnitt veredeln kann. Bei größeren Bäumen müssen „Zugäste" belassen werden, um zu verhindern, dass der von den Wurzeln ausgehende Saftdruck, der sonst von den Ästen aufgenommen wird, das Edelreis überschwemmt und zum Absterben bringt.

Pflanzung von Wildobst

Neben veredelten Obstbäumen werden Gehölze von Wildobst immer beliebter. Die Pflanzung von Wildobst ist sowohl als Einzelstrauch sowie auch als freiwachsende Hecke bei ausreichend Platz im Garten möglich.

Dazu eignen sich Apfelbeere (*Aronia melanocarpa*), Azarolapfel (*Crataegus azarolus*), Berberitzen (*Berberis vulgaris*), Felsenbirne (*Amelanchier ovalis*), Apfelrose (*Rosa rugosa*), Korinthenstrauch (*Amelanchier lamarkii*), Kornelkirsche (*Cornus mas* ,Jolico'), Mispel (*Mespilus germanica*), Sanddorn (*Hippophae rhamnoides*), Schwarzer Holunder (*Sambucus nigra* ,Haschberg'), Lenzbeere (*Lonicera caerulea kamtschatica*) und andere Arten. Die Sibirische Vogelbeere (*Sorbus* X Titan) und die dornenlose Scheinquitte ‚Cido' (*Chaenomeles japonica*) sind wegen ihres sehr hohen Vitamin-C-Gehaltes ebenfalls beliebte Wildobstarten.

Diese Gehölze sind anspruchslos, liefern Früchte mit neuen Geschmacksrichtungen und bieten Vögeln, Insekten sowie Igeln Schutz und Nahrung. Die Früchte sind in der Küche für neue, interessante Marmeladen und Kompotte verwendbar. Auch Schnäpse lassen sich aus den Früchten brennen.

Gemüsegarten

Im Gemüsegarten muss mehr auf die Stadien des Erstfrühlings geachtet werden als im Ziergarten. Auch wenn einige warme Tage dazu verleiten können, mit der Saat oder Pflanzung von Gemüse zu starten, ist doch die Wärmesumme der vergangenen Tage für das Gedeihen noch nicht ausreichend. Nachtfröste können die Jungpflanzen zusätzlich erheblich schädigen oder gar abtöten. Ab der Forsythienblüte und wenn der Boden schon abgetrocknet ist, können nun in der ersten Phase des Erstfrühlings die folgenden Arbeiten erledigt werden.

Heizbares Gewächshaus

Für die spätere Auspflanzung im Freien nach den Eisheiligen (Eismännern) werden nun Gurken, Melonen, Zucchini und Kürbisse in Töpfen vorkultiviert.

Elektrische Warmluftheizung mit Luftumwälzung

Tomaten (Paradeiser) und Paprika

Wer nicht sehr versiert in der Anzucht dieser Gemüsearten ist, sollte Jungpflanzen besser in der Gärtnerei kaufen. Vor allem die auf resistenten Unterlagen veredelten Tomaten können nicht so leicht durch Braunfäule mitten in der Ernte absterben, wodurch die ganze Mühe zuvor umsonst gewesen wäre.

Die Pflanzung von vorgezogenen Tomaten und Paprikapflanzen kann schon jetzt erfolgen, sofern eine Heizung im Gewächshaus vorhanden ist. Diese Tropenpflanzen vertragen keine Temperaturen unter 10 °C.

Wassertonne

Das Aufstellen einer Tonne mit Gießwasser im Gewächshaus bringt den Vorteil, dass stets durch die Sonne vorgewärmtes Wasser zum Gießen der Jungpflanzen zur Verfügung steht. Ob Regen- oder Leitungswasser in die Wassertonnen zugeführt wird, ist egal. Vorteilhaft ist in jedem Fall, wenn schon vor dem Gießen zu diesem vorgewärmten Wasser ein Flüssigdünger zugegeben wird, etwa 100 bis 150 ml pro 100 l Wasser.

Kaltes Frühbeet

Ins Frühbeet dürfen nun Brokkoli, Blumenkohl (Karfiol) und Kohlrabi gepflanzt werden. Auch die Aussaat von Kopfsalat und Knollenfenchel kann jetzt erfolgen. Werden **Salat-Jungpflanzen** gesetzt, muss darauf geachtet werden, dass der Erdballen nur zur

Salat ‚Grazer Krauthäuptel‘

Im Eierkarton vorgetriebene Kartoffeln (Erdäpfel)

Hälfte in die Erde kommt. Der Abstand zwischen den Salatpflanzen sollte 35 bis 40 cm betragen.

Vorgetriebene **Kartoffeln (Erdäpfel)** können nun ab der Forsythienblüte gelegt werden. Auch für das Setzen der Steckzwiebeln ist nun die richtige Zeit. Steckzwiebeln benötigen einen Reihenabstand von 20 cm und müssen ganz flach im Abstand von 10 cm gesteckt werden.

Möhren (Karotten) sollten einen geraden Körper bekommen. Für sie, Rettich und Wurzelpetersilie muss der Boden bis 30 cm tief gelockert werden. Nur so kann sich ein gerader Rübenkörper bilden.

Eine bessere Methode ist aus feinkrümeliger Erde einen 20 cm hohen Damm zu bilden und auf dem Kamm die Samen einzeln auszulegen.

Petersilien-Saatgut wird 24 Stunden in warmem Wasser eingeweicht und dann gleich ausgesät. Die Reihenweite und der Abstand sollen wie beim Rettich gehalten werden.

Rettich wird in Reihen mit 30 cm Abstand gesät, alle 15 cm kommen 2 bis 3 Körner in 2 cm Tiefe. Nach dem Aufgang sollen nur die kräftigsten Pflanzen stehenbleiben, die Schwachen werden ausgezupft und weggeworfen.

Radieschen werden mit dem gleichen Reihenabstand, allerdings in der Reihe mit 8 cm Abstand gesät. Zur gleichmäßigen Verteilung wird das Saatgut mit Vogelsand gemischt, um ein zu dichtes Auflaufen zu vermeiden. Oder man verwendet gleich die praktischen Saatbänder. Diese werden in die Saatrille gelegt, kurz angegossen und erst dann mit Erde bedeckt.

Rote Rüben können ab jetzt bis Anfang Juli in einem Reihenabstand von 30 bis 40 cm gesät werden. Da aus jedem Samenkorn 2 bis 3 Keimlinge auflaufen, werden die schwachen Pflänzchen bei einer Höhe von 10 cm ausgerupft.

Schnittlauch

Schnittlauch kann zwar, sollte aber nicht über Jahre an der gleichen Stelle wachsen. Daher werden jetzt entweder zugekaufte Jungpflanzen an einer gut gedüngten Stelle neu

Möhren (Karotten) werden auf kleinen Dämmen gezogen.

gepflanzt. Oder der alte Schnittlauchstock wird mehrfach geteilt und an einer anderen Stelle des Gemüsegartens (vollsonnig) wieder ausgepflanzt. An der neuen Pflanzstelle darf aber seit 5 Jahren weder Zwiebel noch Knoblauch gepflanzt gewesen sein. Engere Fruchtfolgeabstände fördern Schnittlauchkrankheiten, die durch den Boden übertragen werden.

Organische Düngung mit Hornmehl (etwa 40 g/m²) oder 3 bis 4 l gut verrotteter Kompost pro m² geben einen guten Wachstumsstart. Eine zusätzliche Düngung mit 30 g Volldünger pro m² während der Saison verstärkt sein Wachstum und liefert bis zu 4 Ernten pro Saison. Wichtig ist, dass der Schnittlauch beim Ernten immer bis zum Boden geschnitten wird. Das bremst die Bildung der Blütenröhren ein. Auch regelmäßige Bewässerung ist notwendig!

Knoblauch

Aus gesundheitlicher Sicht ist der Knoblauch aus unserem Leben nicht mehr wegzudenken. Daher sollte stets ein Jahresbedarf im Garten angepflanzt werden.

Auf mittelschweren und gut mit organischer Substanz versorgten Böden mit einem pH-Wert von 6,5 bis 7,5 gedeiht diese Gewürzpflanze gut. Sandige Böden müssen zur Zeit der Zwiebelbildung ausreichend bewässert werden. Auf schweren Böden gedeiht der Knoblauch hingegen kaum, da er gegen Dauernässe empfindlich ist. Ab Mitte des Erstfrühlings kann er bereits gesteckt werden. Nur alle 4 bis 5 Jahre dürfen Knoblauch oder andere Zwiebelarten auf der gleichen Fläche gepflanzt werden.

Gesteckt wird 4 bis 6 cm tief im Abstand von 20 bis 25 cm, in der Reihe 8 bis 12 cm. In der Hauptwachstumszeit zwischen Mitte Mai und Anfang Juni braucht der Knoblauch zwei- bis dreimal ca. 10 bis 15 l Wasser pro m². Anhaltend feuchte Witterung zum Zeitpunkt der Ernte im Juli erhöht hingegen den Befall mit Krankheiten. Eine Abdeckung mit Folie bei Regenwetter verhindert dies.

Gedüngt wird mit 30 g Volldünger pro m², organische Dünger wie Hornspäne oder Kompost müssen vor dem Stecken eingearbeitet werden.

Regelmäßiges Lockern der obersten Bodenschicht, besonders nach einem Regen und die sorgfältige Entfernung von allen Unkräutern sind sehr wichtige Pflegemaßnahmen. Zum Zeitpunkt des intensivsten Wachstums im Mai ist eine weitere Düngung mit einem Mineraldünger empfehlenswert.

Sobald im Hoch- oder Spätsommer die Laubspitzen und die oberen Blätter vergilben, werden die Pflanzen vorsichtig ausgegraben und an einer luftigen Stelle sorgfältig getrocknet.

Blumenkohl (*Karfiol*)

Lagertemperaturen knapp über 1 °C erhöhen die Lagerfähigkeit des Knoblauchs.

Ab der **Mitte des Erstfrühlings** (Blüte des Schlehdorns) können weitere Gemüsearten im Freiland ausgepflanzt werden:

Die **Puff- oder Ackerbohne** ist nicht frostempfindlich und kann schon im Erstfrühling direkt ins Beet gesät werden.

Kraut (Kohl), Kohlrabi und Blumenkohl (Karfiol) werden nun gepflanzt. Obwohl diese Pflanzen tiefere Temperaturen vertragen, ist es empfehlenswert, dass immer ein Abdeckvlies bereitgehalten wird. Denn durch überraschende Spätfröste kann die ganze Anzucht wieder vernichtet werden.

Die Pflanzstelle für Tomaten (Paradeiser) und Paprika wird nun vorbereitet. Auch wenn sie erst nach den Eisheiligen (Eismännern) Mitte Mai ins Freie kommen. Lockerer, durchlässiger Boden mit viel Humus ist die Grundvoraussetzung. Das Einmischen von gut verrottetem Kompost erhöht die Fruchtbarkeit im Sommer. Tomaten und Paprika lieben einen vollsonnigen Standplatz, der aber durch Abdeckung vor Regen geschützt werden sollte.

Schneckenbekämpfung

Es gibt keinen Winter, durch den sich die Schneckenplage mindert. Daher rechtzeitig Schneckenfallen aufstellen; gerade die zarten Gemüsepflänzchen locken die Schnecken vermehrt an. Bevor mit Schneckenbekämpfungsmitteln gearbeitet wird, ist die biologische Bekämpfung mit Bierfallen besser. Die Falle (eine Dose) wird niveaugleich am Rande des Gemüsegartens eingegraben und mit alkoholfreiem Bier gefüllt. Diese Bier-Art hat eine bessere Lockwirkung. Am Morgen brauchen dann nur noch die ertrunkenen Schnecken entsorgt, z. B. am Komposthaufen leicht eingegraben werden.

Wem diese Arbeit zu eklig ist, der kann jetzt im Erstfrühling ein Schneckenmittel auf Eisen-III-Phosphat Basis streuen. Diese Methode wirkt aber nur gegen junge Wegschnecken. Wichtig ist, dass breitflächig gestreut wird. Einzelne Häufchen haben zu wenig Anlockwirkung.

Ein Schneckenzaun aus scharfwinkelig nach außen gebogenen Blechstreifen lässt die Schnecken diese Barriere nicht überwinden (wenn die Schnecken nicht schon im Beet sind!).

Kupferblechstreifen rund um die Beete halten die Schnecken ebenfalls ab, das Blech darf aber nicht lackiert sein.

Maulwurfsgrille

Maulwurfsgrillen schädigen Jungpflanzen

Die Werren (Maulwurfsgrillen) verlassen im Erstfrühling ihr Winterquartier. Ihre bevorzugte Nahrung sind Insektenlarven im Boden. Nur wenn das Nahrungsangebot gering ist, fressen sie von ihrem unterirdischen Gangsystem Wurzeln an und benagen die Wurzelhälse der Gemüsepflanzen. Knollen- und Wurzelgemüsearten sind besonders gefährdet.

Eine biologische Bekämpfung ist das Erstellen einfacher Fallen. Dazu wird das Gemüsebeet fein abgerecht und ein etwa 15 cm hohes, glattwandiges Gefäß bodeneben eingegraben. Zum Gefäß hin werden 5 cm hohe Holzlatten sternförmig ausgelegt, damit die Maulwurfsgrillen entlang dieser Latten zum Becher geleitet werden. Sie fallen dann hinein und können am nächsten Morgen herausgeholt und vernichtet werden. Ebenfalls gefangene, nützliche Tiere wie z. B. der Goldlaufkäfer werden natürlich wieder freigelassen.

Vollfrühling

Vollfrühling

*Der **Beginn dieser Jahreszeit** kann am Aufblühen von Flieder und Apfel erkannt werden. Auch die Rosskastanie öffnet nun ihre ersten Blüten. Da es mittlerweile sehr viele Apfelsorten gibt, die zu unterschiedlichen Zeiten im Garten blühen, ist es sicherer, den Beginn des Vollfrühlings an Mostapfelbäumen zu beobachten.*

Für den Gartenbesitzer ist es einfacher, wenn am Aufblühen des Flieders der Wechsel zur neuen Jahreszeit abgelesen wird. Im Wald treiben bei den Fichten, Föhren und Tannen die neuen Triebe – auch Maiwipferl genannt – aus. Im Mischwald entfalten sich die Buchenblätter.

Rosskastanienblüte (*Aesculus hippocastanum*)

Die **Mitte des Vollfrühlings** ist erreicht, wenn die Maiglöckchen erblühen, in der Wiese die Margeriten aufblühen und die Rapsfelder gelb erstrahlen.

Apfelbaumblüte

Flieder ‚Comtesse d´Harcourt‘

Maiwipferl – der Neutrieb von Fichte und Tanne

Die Süßkirschen lassen nun die Blütenblätter fallen, dafür blüht die Vogelkirsche auf. Auch die ersten Pfingstrosen beginnen zu blühen. Akelei und Trollblume bilden leuchtende Flecken im Staudenbeet.

Das **Ende des Vollfrühlings** ist erreicht, sobald die Himbeeren zu blühen beginnen und auf landwirtschaftlichen Wiesen der erste Schnitt, der Heuschnitt, erfolgt. Im Garten blühen der Orientalische Mohn und die Schwertlilie.

Auf den Wiesen erblühen die meisten Gräser und zeigen das Ende des Frühlings an. Das erste erblühende Gras ist der Wiesen-Fuchsschwanz (*Alopecurus pratensis*). Seine Pollen eröffnen die zweite Heuschnupfenwelle für Allergiker.

Papaver orientale, der Orientalische Mohn

Aquilegia, Akelei-Hybride

Wiesen-Fuchsschwanz

Blaue Schwertlilie (*Iris germanica*)

Ziergarten

Rasenneusaat

Wenn im Erstfrühling der Boden noch zu feucht war, kann jetzt mit einer Rasenneusaat oder dem Ausbessern fleckig gewordener Rasenflächen begonnen werden (→ S. 40).

Die bestehenden Rasenflächen brauchen nun eine regelmäßige Bewässerung und vor allem gleichmäßigen Schnitt. Die Schnitteinstellung des Rasenmähers sollte nicht zu tief sein, etwa 3 bis 4 cm ist jetzt die ideale Höhe. Das Schnittgut kann zur Baumscheibenabdeckung verwendet werden. Aber nicht direkt am Stamm anlegen, das kann Rindenfäule verursachen. Nach einem Regen muss das Schnittmaterial immer wieder aufgelockert werden, damit es gut abtrocknet und nicht fault.

Rasendüngung

Wenn im Erstfrühling noch keine Düngung des Rasens erfolgt ist, sollte dies jetzt zwischen zwei Mähintervallen nachgeholt werden. Für ein sattes Grün des Rasens ist eine Düngung mit Mineraldüngern notwendig. Organische Dünger brauchen jetzt zu lange, bis sie wirksam werden. Bei Verwendung eines Volldüngers (z. B. Blaukorn, Rotkorn, Nitrophoska) muss diese Düngung noch dreimal (Juni, Juli, August) wiederholt werden, um auch im Sommer einen grünen Rasen zu erhalten.
Wer weniger oft düngen will, verwendet einen Langzeitdünger. Ein- bis zweimal ge-

streut wirkt diese Düngerart bis zum Beginn des Frühherbstes. Die Menge richtet sich nach den Herstellerangaben. Möglichst mit einem Streuwagen wird der Dünger ausgebracht und bei Trockenheit anschließend mit etwa 20 bis 30 mm Niederschlag eingeregnet (Regenmesser verwenden!). Diese Düngungsart hält länger an und lässt den Rasen langsamer sowie gleichmäßiger wachsen.

Bewässerung mit Regner und Regenmesser

Richtiges Gießen

Auf keinen Fall mit dem Spritzschlauch gießen. Damit wird nur eine oberflächliche Verschlämmung erreicht, ohne dass das Gießwasser in tiefere Schichten vordringen kann. Daher immer nur mit einem Regner bewässern! Um die ausreichende Menge zu ermitteln, wird im Bereich des Regners ein Regenmesser aufgestellt. Erst wenn 20 bis 30 Teilstriche im Regenmesser erreicht sind, ist ausreichend bewässert! Diese Menge ist auch bei höheren Temperaturen für mindestens 5 bis 8 Tage ausreichend.

Strauchschnitt der Frühlingsblüher

Abgeblühte Frühlingssträucher, wie etwa Forsythien, werden nun nach der Blüte zurückgeschnitten, damit sie im nächsten Jahr wieder viele Blüten bringen. Dabei werden schon mehrjährig blühende Äste mit kurzen Jahrestrieben bis auf einen kräftigen Jungtrieb in der Nähe der Basis zurückgeschnitten, damit sich wieder neue Blütentriebe bilden können. Alte Äste im Strauchinneren werden bis zum Boden herausgeschnitten.
Alle anderen im Erstfrühling blühenden Sträucher können nach ihrer Blüte auf die gleiche Art zurückgeschnitten und ausgelichtet werden.

Buchsbaumzünsler-Raupe

Buchsbaumzünsler

Regelmäßig, längstens alle 2 Wochen, muss das Innere der Buchssträucher kontrolliert werden. Die Raupen des Zünslers fressen zuerst an den Blättern und in der Folge auch an der Rinde des Strauches. Wenn die Rinde abgenagt ist, stirbt der Buchsbaum!
Sobald feine Gespinste im Strauchinneren zu sehen sind, muss sofort mit einem anerkannten Präparat, verstärkt durch ein Netzmittel, mit hohem Druck und viel Spritzbrühe in die Raupennester gespritzt werden.

Fraßschäden des Dickmaulrüsslers am Rhododendron

Empfehlenswert ist das Säubern des Strauchinneren z. B. mit einem starken Wasserstrahl oder mit einem Hochdruckreiniger. Dann ist ein allfälliger Befall auch besser zu erkennen. Buchsbaumkugeln wirken schnell struppig und sehen nur sehr schön aus, wenn sie auch regelmäßig in Form gebracht werden. Nach einem Grundschnitt im Frühsommer sollten bis zum Herbst herauswachsende Triebe gekappt werden. Buchsbaumschnitt sollte man immer nur bei bewölktem Wetter durchführen und die angeschnittenen Blätter nach dem Vergilben herauszupfen.

Buchtenfraß an Rhododendronblättern

An den Rändern von Rhododendron-Blättern sind mehr oder weniger halbrunde Einkerbungen sichtbar, der Schaden erinnert an die Zähnung von Briefmarken. Das sind Fraßstellen des Dickmaulrüsslers.
Dieser Käfer ist der gefürchtetste Schädling am Rhododendron. Er frisst die Blätter vom Rand an und hinterlässt den charakteristischen Buchtenfraß. Der ca. 1 cm lange Rüsselkäfer bleibt am Tage auf der Blattunterseite oder in der oberen Erdschicht verborgen. Aus seinen Eiern schlüpfen gelblich-weiße Larven, ähnlich den Engerlingen. Diese Larven verursachen einen noch größeren Schaden. Sie fressen an den Saugwurzeln, was zum Absterben der Pflanze führen kann.
Eine hervorragende Bekämpfungsmaßnahme ist der Einsatz von insektenpathogenen Nematoden der Gattung *Heterorhabditis*, die im Fachhandel bezogen werden können.
Diese Nützlinge sind auf die Larven des Dickmaulrüsslers als Nahrungsquelle spezialisiert. Die Nematoden suchen selbständig die Larven des Dickmaulrüsslers, bohren sich ein und vermehren sich in der Larve bis zu deren Absterben. Dann wandern sie aus und suchen weitere Larven.

Rhododendron-Düngung

Alle Arten von nicht-kalkhaltigen Düngemitteln, ob organisch oder mineralisch, sind für die Rhododendren geeignet. Organische Dünger brauchen aber sehr lange, bis sie zur Wirkung kommen; manchmal kann das ein halbes Jahr dauern. Wasserlösliche Mineraldünger wirken rasch, daher eher öfter, aber nur sehr gering dosiert düngen.

Für dunkelgrünes Laub müssen Rhododendren mit Magnesium – als Bittersalz erhältlich – gedüngt werden. Wenn zwischen den Blattadern gelbliche Aufhellungen auftreten, dann konnte das für das Blattgrün ebenfalls notwendige Spurenelement Eisen, bedingt durch den im Boden zu reichlich vorhandenen Kalk, nicht aufgenommen werden. In diesem Fall ist der Einsatz von Sequestren sinnvoll, einem rasch wirkenden Eisendünger, der die Pflanzen auf mäßig kalkhaltigen Böden rasch wieder ergrünen lässt.
Rindenmulch zur Abdeckung oder Beimischung ist sehr zu empfehlen, jedoch benötigt die verrottende Rinde viel Stickstoff. Dadurch werden die Blätter der Rhododendren heller und die Pflanze wächst nicht mehr so gut. In diesem Fall unbedingt mit Hornspänen oder besser mit einem für Rhododendren geeigneten Mineraldünger nachdüngen, etwa 20 bis 30 g pro 10 m^2. Im Mineraldünger sind die zur Bildung von Blütenknospen wichtigen Nährstoffe enthalten.

Heckenschnitt

Zum Ende des Vollfrühlings kann schon der erste Heckenschnitt, vor allem bei jungen Ligusterhecken vorgenommen werden. Umso dichter wächst die Hecke im Laufe des Sommers. Vor dem Heckenschnitt muss aber vorsichtig kontrolliert werden, ob nicht Vögel in der Hecke nisten. Jede Schneidarbeit würde sie so verschrecken, dass sie die Brut im Stich lassen.

Pflanzungen

Nadelgehölze mit Ballen können auch im Vollfrühling noch gepflanzt werden. Vor der Pflanzung wird der Ballen in einem passenden Gefäß gründlich gewässert, bis keine Luftblasen mehr aufsteigen.
Für Pflanzen, die in Containern herangezogen wurden, gelten die alten Pflanzzeiten nicht mehr, denn damit hat man ja alle Regeln früherer Gärtnergenerationen gesprengt. Wichtig ist, dass vor dem Setzen der

Rudbeckia, Einjähriger Sonnenhut

Montbretie (*Crocosmia*)

Containerpflanzen das gleiche Tauchen gilt, wie für Ballenpflanzen. Erst dann wird das Gehölz oder die Staude in das gut vorbereitete Pflanzloch gesetzt.

Sommerblumen

Nach den Eisheiligen (Eismännern), die üblicherweise um Mitte Mai auftreten, werden die Sommerblumen gepflanzt. Sie sind es, die den Garten nun bis zum Herbst bunt und froh machen. Es gibt sehr viele Gattungen, Arten und Sorten, und es ist unerklärlich, warum ein Großteil der Gartenbesitzer, aber auch Berufsgärtner, immer auf einige wenige davon zurückgreifen.
Die Balkon- und Fensterkästen werden um diese Zeit bepflanzt, sie werden in den nächsten Wochen die Gesichter unserer Häuser frischer und bunter machen.

Dahlien und Gladiolen

Anfang bis Mitte des Vollfrühlings können sie und andere Knollengewächse wie Montbretien, Tigerblumen und Freesien jetzt noch gelegt werden. Sie bringen dann eine spätere Blüte, was recht angenehm ist. Auch für die Direktaussaat vieler Sommerblumen ist jetzt noch Zeit.

Tulpen, Hyazinthen, Narzissen und andere Frühlingsblüher

Gegen Ende des Vollfrühlings haben die meisten Frühlingszwiebelpflanzen bereits ihre Blüte beendet. Bei Tulpen und Narzissen werden nur die Samenkapseln entfernt, alle Blätter müssen bis zum Vergilben bleiben!
Von den kleinen Frühlingsblühern wie Schneeglöckchen, Frühlingsknotenblume, Traubenhyazinthe und anderen lässt man die Blütenreste stehen. Die Samen streuen sich entweder an Ort und Stelle aus oder werden von Ameisen verschleppt. Das fördert die Vermehrung von diesen Frühlingsboten.
Wer an deren Stelle Sommerblumen pflanzen will, hebt die Zwiebelpflanzen vorsichtig aus der Erde und lässt sie an einer schattigen Stelle langsam bis zum Vergilben einziehen. Wurzeln und Zwiebeln müssen dabei immer mit feuchter (nicht nasser) Erde bedeckt sein.
Wenn diese Zwiebelpflanzen im Herbst bereits in Pflanzkörbe gesetzt wurden, können die Zwiebeln nach dem Herausheben der Körbe in den Gefäßen langsam einziehen.
Narzissen und andere Wildblumen sollten aber nach Möglichkeit jahrelang an der gleichen Stelle verbleiben, damit sie zu dichten Horsten heranwachsen.

Pfingstrosen

Damit die schönen, aber großen Blüten bei Regenfällen nicht bis zum Boden gedrückt werden, sollten rechtzeitig Stützen um diese langlebigen Stauden gebaut werden. Sobald die Blütenknospen sich entwickeln, werden die im Gartenfachhandel erhältlichen Stützen rund um die Pflanze kippsicher in den Boden gesteckt. Man kann aber auch mit Stäben, die rund um die Pfingstrose fest in den Boden gesteckt werden, eine Eigenkonstruktion errichten. Die Stäbe werden mit einer Schnur miteinander verbunden und bewahren so die Blütenköpfe in aufrechter Position.

Pfingstrose

Spätfrostgefahr durch die Eisheiligen (Eismänner)

Die Eisheiligen haben in den letzten Jahren viel von ihrer Gefährlichkeit verloren. Daher halten sich viele Gartenbesitzer nicht mehr so streng an die Regeln, dass man erst nach diesen Tagen mit der Pflanzung unserer einjährigen Sommerblumen beginnen soll.

Die Erfahrung hat allerdings gezeigt, dass man bei einer frühzeitigen Pflanzung nicht sehr viel Vorsprung erzielen kann, denn echte Wärme, wie sie nach Mitte Mai Luft und Boden erfasst, holt immer alles wieder auf.

Für frühe Pflanzungen oder Saaten frostempfindlicher Pflanzen sollte aber auf jeden Fall ausreichend Folie oder Vlies für rasches Zudecken bereitgehalten werden.

Marienkäfer

Nützliche Räuber

In den nächsten Wochen treten wieder verschiedene Blattlausarten (grüne, gelbe, schwarze) auf und verursachen eingerollte, gekräuselte oder auf andere Art missgebildete Blätter. An Blattunterseiten, Herzblättern oder Triebspitzen sind größere Kolonien zu finden, die das Wachstum hemmen und mit ihrer Saugtätigkeit zusätzlich Viruserkrankungen übertragen können.

Die etwa 60 (!) bei uns heimischen Marienkäfer-Arten ernähren sich vorwiegend von Blattläusen. Am häufigsten ist der Siebenpunkt anzutreffen. Andere Vertreter sind der

Marienkäfer-Eier in der Nähe einer Blattlauskolonie

Die Larve des heimischen Marienkäfers hat 2 gelbe Punkte an jeder Seite.

Zweipunkt-Marienkäfer und der auf gelbem Rücken schwarz gepunktete Vierzehnpunkt-Marienkäfer. Die Käfer sind bereits aus ihren Winterquartieren (Laub unter Hecken, Waldränder, Böschungen) hervorgekommen und haben 10 bis 20 Eier senkrecht in Gruppen in der Nähe von Blattlauskolonien abgelegt. Die grauschwarzen Larven schlüpfen nach 7 bis 10 Tagen und ernähren sich vorwiegend von Blattläusen.

Die verschiedenen Marienkäferarten fressen im Larvenstadium pro Tag 60 bis 150 Läuse. Aber auch die ausgewachsenen Marienkäfer verzehren Blattläuse. Ein Käferweibchen vertilgt zu Lebzeiten zwischen 3.000 und 4.000 Blattläuse.

Unkrautwachstum

Unkraut wächst nun sehr freudig und es sollte immer möglichst rasch bekämpft und entfernt werden. Wurzelunkräuter wie Quecke oder Giersch müssen ausgegraben und in der Sonne einige Tage vertrocknen. Erst dann dürfen die Reste auf den Kompost gegeben werden.

Löwenzahn und Distel müssen tief ausgegraben werden, da ihre Wurzelreste ebenfalls wieder durchtreiben.

Unerwünschte Kräuter im Rasen können erst dann mit Gieß- oder Spritzmitteln bekämpft werden, wenn die Nachttemperaturen über 12 °C liegen. Bei kühleren Nachttemperaturen wirken die Präparate nicht ausreichend. Um nicht eine Ganzflächen-Behandlung durchzuführen, ist es besser, mit dem Unkrautmittel einen kurzen Spritzstoß ins Zentrum der Unkrautpflanze zu tätigen. Dann können andere Kräuter, wie z. B. Gänseblümchen, ungehindert weiterwachsen.

Jetzt ist der Löwenzahn bereits zu bitter für Frühlingssalate.

Blattläuse auf Rosen

Fast alle Rosen werden von Blattläusen befallen. Vor allem an den Triebspitzen und den Blütenknospen sitzen diese Sauger. Durch das Pflanzen eines Lavendel- oder Salbeistrauches direkt neben einer Rose kann der Blattlausbefall vorbeugend verhindert werden. Leider passen aber Rosen und Lavendel in ihren Anforderungen an Boden und Düngung nicht zusammen. Der Lavendel mag eher sandigen, leicht trockenen, nährstoffarmen Boden, die Rose hingegen gute, nährstoffreiche, gleichmäßig feuchte Erde.

Blattläuse an jungem Rosentrieb

Rosenkrankheiten

Ab Mitte oder Ende des Vollfrühlings wird die vorbeugende Bekämpfung von Rosenkrankheiten wie Sternrußtau oder Rosenrost notwendig.
Kombipräparate, die gleichzeitig gegen tierische Schädlinge wirken, sind zu bevorzugen, da ein Arbeitsgang erspart wird. Immer die Gebrauchsanweisung lesen und darauf achten, dass die Präparate bienenungefährlich sind, denn rundum blühen schon verschiedenste Pflanzen!
Die wirksamen Spritzungen mit Schachtelhalmtee müssen fast täglich wiederholt werden, da die Rosen jetzt sehr rasch wachsen. Dieser Tee muss vorbeugend gespritzt werden, damit das darin enthaltene Silizium die Blätter stärkt und so Pilzkrankheiten am Eindringen hindert. Vor allem die Triebspitzen müssen gestärkt werden.
Drei Krankheiten schädigen Rosen besonders stark:

Sternrußtau: Zuerst werden die untersten Blätter schwarzfleckig und gelb, in Folge fallen sie ab. Diese Pilzkrankheit wird durch Regentropfen vom Boden auf die untersten Blätter geschleudert. Stufenweise wird die Krankheit dann auf darüber befindliche Blätter weiter übertragen. Dies führt zu einer Schwächung der Pflanze. Die Rosen haben dann bis zum Spätsommer nur mehr an den Triebspitzen einige Blätter. Das führt dazu, dass die Blühfähigkeit der Rosen immer schwächer wird.

Rosenrost: Vor allem nach niederschlagsreichem Wetter bilden sich auf den Blättern zuerst gelbliche Punkte, die später braun werden. Auf der Blattunterseite entstehen rostbraune Pusteln in großer Zahl. Die Blätter vergilben und sterben ab.
Beide Krankheiten werden durch feuchtes Wetter gefördert.

Rosenmehltau: Auf den Blättern bildet sich ein mehlig-weißer Belag. Er befindet sich vorwiegend an den oberen Triebteilen. Dieser „Schönwetterpilz“ entsteht besonders bei warmem, schwülem Wetter, ist also nicht regenabhängig. Starker Befall schädigt die Rosenblätter intensiv. Längere Niederschlagsperioden lassen den Pilz meist wieder verschwinden.

Rosenrost (links Blattoberseite, rechts Blattunterseite)

Sternrußtau

Um sich vor diesen zu wappnen muss jetzt alle 10 bis 14 Tage mit einem anerkannten Rosenspritzmittel behandelt werden, wobei vor allem die Blattunterseite gut benetzt werden muss.
Die einzelnen Rosensorten sind unterschiedlich empfindlich gegen die genannten Krankheiten.

Echter Mehltau an Rosen

Engelstrompete (*Brugmansia*-Hybride)

Kübelpflanzen

Jetzt können fast alle Kübelpflanzen ins Freie geholt werden. Besonders frostempfindliche wie Engelstrompete (*Brugmansia*), Stechapfel (*Datura*) oder Enzianstrauch (*Solanum*) bleiben noch in der Nähe des Winterquartiers, damit sie bei Nachtfrostgefahr rasch eingeräumt werden können. Sie erfrieren schon bei 0 °C.
Beim Oleander genügt bei Frostgefahr eine Abdeckung mit Folien oder Tüchern. Sobald sich bei den Pflanzen ein neuer Trieb entwickelt, sollte mit der Düngung (Balkonpflanzendünger) begonnen werden. Zuerst genügt eine Düngung alle 14 Tage, ab Ende des Frühsommers muss jede Woche (nach Mengenangabe auf der Verpackung) gedüngt werden. Diese Düngung sollte bis zum Ende des Spätsommers regelmäßig erfolgen.

Vogeltränken

Bade- und Trinkgelegenheiten für unsere geflügelten Gäste werden jetzt wieder aktiviert, ob künstlerische oder nur im Boden versenkte Schalen ist egal; hauptsache die Vögel finden Trinkwasser, das natürlich immer frisch sein sollte. Ebenfalls sollten die Tränken Katzensicher aufgestellt werden!

Gartenteich

Der Vollfrühling ist die optimale Zeit für die Teichbepflanzung. Sehr praktisch sind Pflanzkörbe, da man frostempfindliche Teichgewächse damit zum Saisonende wieder leicht aus dem Wasser nehmen und ins Winterquartier transportieren kann. Bevor im Gartenteich neues Leben beginnt, sollten starkwüchsige Pflanzen zurückgeschnitten und unerwünschte Ausläufer abgetrennt werden.
Neu gekaufte Fische aus dem Zoohandel sind warmes Wasser in den Aquarien gewöhnt und sollten erst langsam der meist niedrigeren Wassertemperatur im Gartenteich ausgesetzt werden. Um einen Kälteschock zu vermeiden, sollten die Fische für etwa eine Stunde in der Plastiktüte im Teich treiben. Erst wenn sich ein Temperaturausgleich eingestellt hat, können die Fische aus dem geöffneten Beutel in ihr neues Reich schwimmen.
Fischbesatz in zu kleinen Teichen kann rasch zu starkem Wachstum von Algen führen.

Die Ausscheidungen der Fische fördern das Wachstum dieser ungeliebten Wasserbewohner. Gartenteiche sind beliebte Bade- und Trinkplätze für Vögel. Doch oft können die Tiere an den Rändern von Bottichen oder Becken nicht landen. Als Landehilfe dienen Holzbrettchen, die an der Wasseroberfläche schwimmen. Allerdings sollte die Brettoberfläche so groß sein, dass das Brett auch unter der Last größerer Tiere nicht kippen kann. Wenn das Brett am Ufer verankert ist, können aus dem Wasser kleine Frösche und andere Amphibien auch bei einem steilen Beckenrand wieder herausklettern.

Obstgarten

Mulchen

Vorjährige Mulchdecken, die über den Winter liegengeblieben sind, werden nun abgeräumt und auf den Kompost gebracht. Eine neue Mulchdecke aus frischem Mulchmaterial schützt besser vor Unkrautwuchs und hält die Bodenfeuchte aufrecht.

Ausreichende Blattmasse

Im Vollfrühling findet das stärkste Blattwachstum statt. Daher sollte die Nährstoff- und Wasserversorgung optimal sein. In Trockenperioden kann über Blattdünger ein kurzfristiger Mangel überbrückt werden, generell sollte aber langfristig die gute Wasserversorgung sichergestellt sein. Eine unkrautfreie Baumscheibe, mit Mulch abgedeckt, fördert die gleichmäßige Bodenfeuchtigkeit. Während dieser Zeit sollten die jungen Blätter in bestem Zustand sein, um eine möglichst hohe Assimilationsleistung zu bringen. Das benötigen die Früchte in dieser Phase für ihr Wachstum besonders. Damit die Blätter gesund erhalten bleiben, werden Pflanzenstärkungsmittel als Hilfe gegen allfällige Krankheiten auf das Laub gespritzt. Nach Niederschlägen können trotzdem Pilzkrank-

Eine Strohauflage zwischen den Erdbeerpflanzen schützt vor Verschmutzung.

heiten die Blätter und Früchte infizieren. Dann sind Pflanzenschutzmaßnahmen und damit verbundene Kontrollgänge im Vollfrühling wichtig.

Düngung

Damit der Obstbaum rechtzeitig mit dem Triebabschluss beginnen kann, darf ab Ende der Blüte keine Düngung mehr erfolgen. Nur im Frühherbst wird noch einmal Patentkali zur Stärkung für den Winter gegeben.

Jungbäume gut starten lassen

Wichtig ist die Fixierung von Jungbäumen mit einem Pfahl, damit sie nicht durch Windbewegungen am Anwurzeln gehindert werden. In Trockenperioden sollten sie auch immer wieder gewässert werden, um eine gute Entwicklung im Pflanzjahr sicherzustellen.

Kirschen

Noch bevor die Kirschen sich von grün auf gelb verfärben, müssen die gelben Tafeln zum Abfangen der Kirschfruchtfliege in die Krone gehängt werden.
Die Vogelschutznetze über kleineren Kirschbäumen müssen unten zusammengebunden werden, damit Vögel nicht hineinfliegen und darin gefangen bleiben.

Erdbeeren

Damit die Ernte gut ausfällt, benötigen Erdbeeren jetzt besondere Pflege. Bei sehr warmem Wetter sollten sie gegossen werden. Aber möglichst nicht auf die wachsenden Früchte, sonst entsteht Grauschimmel.
Nach der Blüte wird zwischen den Pflanzen Stroh oder anderes trockenes Mulchmaterial ausgebreitet, damit die Früchte nicht mit Erde verschmutzen und trocken bleiben. Auch das schützt vor der gefürchteten Grauschimmel-Fäule.
Noch können die sogenannten Monatserdbeeren gepflanzt werden. Sie tragen bis in den Vollherbst immer wieder die aromatischen Früchte, die im Geschmack an Walderdbeeren erinnern.

Blattläuse

Wenn Ameisen am Stamm auf- und ablaufen, dann sind Blattläuse auf den Triebspitzen vorhanden. Durch die Saugtätigkeit der Läuse kommt es zu Wachstumsstockungen und Verkrümmungen. Zur Bekämpfung ist eine Schmierseifenlösung empfehlenswert, da sie die Haut der Blattläuse austrocknet. Wer Brennnesselbrühe zur Verfügung hat, sollte sie jetzt einsetzen. Bei Verwendung chemischer Präparate muss darauf geachtet werden, dass sie nicht bienengefährlich sind. Irgendwelche Pflanzen blühen unter den Bäumen immer und dann kann es zu Bienenschäden kommen. Daher immer nur bienenungefährliche Mittel verwenden!

Ameisen „melken" Blattläuse

Pflaumenwickler (Fruchtfall)

Abgefallene Früchte unter Zwetschgen-/Pflaumenbäumen sollten immer aufgesammelt und über den Hausmüll entsorgt werden. Sie sind häufig vom Pflaumenwickler befallen. Lässt man sie liegen, fördert dies

Pflaumenwicklerfalle

den Befall im nächsten Jahr. Als Vorbeugung gegen den Befall werden Pflaumenwickler-Fallen etwa 3 Wochen nach der Blüte in die Bäume gehängt.

Apfelwickler (Wurm im Apfel)

Gegen Ende des Vollfrühlings, üblicherweise Ende Mai, müssen die Fallen gegen den Apfelwickler aufgehängt werden. Es gehen zwar nie alle männlichen Falter in die mit einem weiblichen Lockstoff ausgestatteten Fallen, aber je mehr Falter darin klebenbleiben, desto weniger Weibchen können zwecks Eiablage befruchtet werden.
Wenn viele Falter auf den Leimböden picken, sollte der Klebeboden ausgewechselt werden. Im Hochsommer müssen auch die Duftkapseln ausgewechselt werden, da ihre Wirkung schon nachgelassen hat.

Eine Kunststoff-Regentonne als Holzfass getarnt.

Gemüsegarten

Gießwasser

Aus der Regenrinne kann kostenloses und kalkarmes Gießwasser genutzt werden. Mit sehr einfachen Mitteln ist eine Zapfquelle auch nachträglich in das Fallrohr eingebaut. So erhält man ein stets gefülltes Reservoir mit Gießwasser. Regentonnen werden mittlerweile auch in formschönen Gebinden angeboten, sodass sie sich nett in den Garten einfügen.

Gewächshaus oder Frühbeet

Gurken

Nur im Frühbeet oder besser noch im Gewächshaus können die sehr kälteempfindlichen Gurken ab Anfang Vollfrühling ausgepflanzt werden. Der Pflanzabstand ist mit 30 bis 40 cm ideal. Sobald die Sonne scheint, muss das Frühbeet gelüftet und für ständig frische Luft gesorgt werden.
Statt der Freilandaussaat der Gurken ist die Saat in Töpfchen am Fenster oder im Glashaus besser. Erst wenn der Boden gut durchwärmt ist, kommen die Gurken ins Freiland.

Dichte Abdeckhauben fördern den Braunfäulebefall.

Kürbis und Zucchini

Sie müssen ebenfalls noch im Haus herangezogen werden, bis sie nach den Eisheiligen (Eismännern) ins Freie können. Da diese Pflanzen im Laufe des Sommers sehr groß werden, sollten sie nur im Freien weiterkultiviert werden.

Bohnen

Da keimende Stangenbohnen gerne von Schnecken gefressen werden, sollte man sie in Töpfchen am Fensterbrett oder im Glashaus vorziehen. Erst wenn sie etwa 20 cm hoch sind, werden sie nach den Eisheiligen ausgepflanzt.

Bei Regen wird der Tunnel beidseitig geschlossen.

Tomaten (Paradeiser) und Paprika

Diese beiden Gemüsearten sind empfindlich gegen Niederschläge. Daher sollten sie, sofern möglich, nur im Glashaus ausgepflanzt werden. Werden sie ins Freie gepflanzt, empfiehlt sich der Bau eines Schutzhäuschens aus Plastikfolie. Das Häuschen muss aber zu der wetterabgewandten Seite hin offen sein, damit sich nicht verstärkt Tau auf den Pflanzen bilden kann. Völlig abdeckende Hauben fördern erst recht den Befall mit Tomaten-Braunfäule.
Nur wenn die Tomaten (Paradeiser) rasch durch gezielte Belüftung abtrocknen kön-

Porree (Lauch)

nen, verringert sich die Krankheitsgefahr. Ein beidseitig zu öffnender Folientunnel bringt trockene Luft unter die Abdeckung.
Wer eine südseitige Hauswand hat, kann Tomaten, Paprika sowie Auberginen (Melanzani) dort in großen Töpfen gedeihen lassen. Zusätzlich sind sie auch durch einen Dachvorsprung vor Niederschlägen geschützt.

Freiland

Aussaat

Schon zu Beginn des Vollfrühlings werden Erbsen und Spinat gesät. Wurzelgemüsearten wie Radieschen und Rettich, Möhren (Karotten) und Rote Rüben werden in gut gelockerte Erde gesät. Kraut (Kohl) und Brokkoli können ebenfalls bereits gesät werden.

Pflanzungen

Erst nach den Eisheiligen (Eismännern) werden die Pflänzchen von Kraut (Kohl), Kohlrabi und Rotkraut in gut gedüngte Beete gepflanzt. Auch für die Kartoffeln (Erdäpfel) ist jetzt Pflanzzeit. Während die erste Kopfsalaternte aus dem Frühbeet beginnt, werden die nächsten Salatpflanzen schon im Freien gesetzt.

Bohnen und Gurken

Erst gegen Ende des Vollfrühlings dürfen Bohnen direkt ins Freie gesät werden, erst dann ist der Boden für sie warm genug. Auch die jetzt ins Freie gesäten Gurken brauchen genügend Bodenwärme, um rasch keimen zu können.
Nur wer einen absolut schneckenfreien Garten hat, kann die Aussaat von Stangenbohnen in der zweiten Maihälfte vornehmen. Nach dem Ende des Vollfrühlings sollten Stangenbohnen nicht mehr gesät werden. Die Stangen als Rankhilfe sollten ca. 2 bis 3 m lang aus der Erde stehen. Die Aussaat erfolgt rund um jede Stange mit ca. 5 bis 7 Bohnen.

Porree

Um schöne, gerade Porree-Stangen zu erzielen, werden die Jungpflanzen mindestens 10, besser 15 bis 20 cm tief gepflanzt. Auch wenn nur mehr der Blattschopf herausragt, die Pflanze kann sich so genügend strecken für einen langen Schaft.

Frühsommer

Blüte der Robinie
Blüte des Ligusters
Blüte der Hundsrose
Blüte des Klatschmohns
Blüte des Holunders

Frühsommer

Zum Beginn des Frühsommers erreicht das Pflanzenwachstum seinen Höhepunkt. Rückschläge kann es jetzt nur durch fehlende Niederschläge geben.

Wenn sich die ersten kleinen Blüten in der Blütendolde des Schwarzen Holunders (Holler) öffnen, ist damit der Start des Frühsommers erreicht. Allerdings dauert es bis zu zwei Wochen, bis sich alle Blütendolden am Strauch geöffnet haben.
An den Weg- und Waldrändern öffnen sich die Blüten der Wiesenmargerite und in den Getreidefeldern die leuchtend roten des Klatschmohns. Zu dieser Zeit blühen die Wild- oder Heckenrosen (*Rosa canina*) auf,

Holunderblüte

Wiesenmargerite

Wild- oder Hundsrose

die gerne an Waldrändern oder nicht gemähten Böschungen wachsen. Sie schmücken sich zu Beginn des Frühsommers mit zartrosa bis weißen Blüten.

Von den Bäumen sind besonders die Robinien (*Robinia pseudoacacia*), auch fälschlich Akazien genannt, sichere Anzeiger der neuen Jahreszeit. Die Blüten der Robinie gleichen denen der Erbsen und Bohnen, daher gehören auch sie in die Familie der Schmetterlingsblütler, den Hülsenfrüchtlern. Die Mitte des Frühsommers verkünden die weißen, duftenden Blüten des Falschen Jasmin (*Philadelphus coronarius*), auch Pfeifenstrauch genannt. Der Liguster mit dem unverkennbaren Duft seiner weißen Blüten gesellt sich ebenfalls dazu.

Klatschmohn

Robinienblüte

Pfeifenstrauch (Falscher Jasmin)

Liguster

Ziergarten

Feuchtigkeit und Bodenabdeckung

Meistens fällt in diese Zeit eine längere Phase der Trockenheit. Wenn also keine Niederschläge gefallen sind, muss besonders bei Neupflanzungen auf eine Bewässerung geachtet werden. Alle neu gepflanzten Bäume und Sträucher haben noch nicht genügend Wurzeln gebildet und müssen bei trockener Witterung regelmäßig bewässert werden.
Baumscheiben und andere Pflanzflächen werden mit Baumrinde oder anderem Mulchmaterial in einer etwa 5 cm dicken Schicht abgedeckt, um Unkrautwuchs zu verhindern und die Bodenfeuchtigkeit zu erhalten. Rasenschnitt muss erst zu Heu getrocknet sein, bis er in einer höchstens 1 cm dicken Schicht aufgebreitet wird. Frisch geschnitten ist er dafür weniger geeignet, da er nach Niederschlägen zu einem nassen, stinkenden Filz zusammenklebt.

Gießen

Zierpflanzen und Gemüse sollten vorwiegend in den frühen Morgenstunden bewäs-

sert werden, wobei ein Regner das Wasser besser verteilt und in den Boden eindringen lässt. Die Pflanzen können dann rasch wieder abtrocknen. 20 bis 30 l Wasser pro m² (= 20 bis 30 Teilstriche im Regenmesser) sind pro Beregnung notwendig. Nur dann ist der Boden ausreichend mit Feuchtigkeit versorgt. Diese Menge reicht üblicherweise für etwa eine Woche. Das Wasser dringt auch in tiefere Bodenschichten vor und hält ihn länger feucht.
Es ist besser, die Bewässerung des Rasens in den späteren Abendstunden zu erledigen. Das Wasser kann dann über Nacht in tiefere Bodenschichten versickern, sodass die Feuchtigkeit den Graswurzeln für längere Zeit zur Verfügung steht. Auch hierbei sollten es mindestens 25 bis 30 Teilstriche am Regenmesser sein.
Absolut unwirtschaftlich ist eine Bewässerung während des Tages. Wegen der Abkühlung der Pflanzen durch das Beregnungswasser – besonders dann, wenn die Sonne scheint – leiden die Pflanzen. Bei hohen Tagestemperaturen verdunstet bis zu 80 % des ausgebrachten Wassers, ohne dem Boden oder den Pflanzen zugutezukommen.

Bei stärkerem Wind und Regen können hohe Stauden leicht umfallen.

Hohe Stauden stützen

Viele höherwachsende Stauden neigen leider dazu, vor oder während der Blüte umzufallen, besonders bei Wind und Regen. Daher sollten rechtzeitig Stützstäbe zu jedem Stängel dazu gesteckt werden.
Statt die Staude an einen Stab anzubinden, ist es schöner, schon vor dem Aufwachsen der Staude einen Staudenring auf den Stützstab zu stecken. Die Staude wächst dann in den Ring hinein und sieht so viel natürlicher aus.
Wenn mehrere Triebe gemeinsam gestützt werden sollen, wird wie bei den Pfingstrosen im Vollfrühling vorgegangen (→ S. 59). Mehrere Stützstäbe werden mit einer Schnur oder einem anderen geeigneten Band miteinander rund um die hohen Triebe verbunden. Empfehlenswert ist es, die Stützstäbe schon vor dem Aufwachsen der Stängel zu stecken und dann mit mehreren Binde-Etagen das Höhenwachstum zu begleiten.

Die Blütenstiele von Rittersporn und Lupinen werden gleich nach der Blüte bis 10 cm über dem Boden zurückgeschnitten, sie blühen dann im Spätsommer noch ein zweites Mal. Auch bei den mittelhohen und hohen Dahlien müssen Stützstäbe rechtzeitig aufgestellt und die Dahlientriebe immer gut angebunden werden. Sind mehr als 5 bis 6 Triebe aus der Knolle gewachsen, werden die überzähligen und schwachen ausgebrochen.

Blumenkistchen

Auch Fensterkistchen, Blumenschalen und andere Gefäße trocknen besonders schnell aus. Daher müssen sie an heißen Tagen zweimal täglich gegossen werden. Die Nährstoffe gehen in dem kleinen Lebensraum, den die Pflanzen haben, schnell zu Ende. Daher sind regelmäßige Düngergaben (ein- bis zweimal in der Woche) wichtig. Noch besser ist es, bei jedem Gießen gleich einen Blumendünger ins Wasser zu geben: Die Düngermenge darf aber nur 5 ml (cm^3) oder 5 g/10 l Gießwasser betragen. Bei Petunien und Surfinien die regelmäßige Zusatzdüngung mit einem Eisendünger nicht vergessen.

Kübelpflanzen

Bei häufigem Regen sammelt sich in Übertöpfen und Untersetzern reichlich Wasser. Der Wasserüberschuss sollte regelmäßig ausgeleert werden, um Wurzelfäulnis durch Staunässe zu vermeiden. Eine Ausnahme stellt nur der Oleander dar.
Haben die Kübelpflanzen die Überwinterung gut überstanden, werden sie sich wieder kräftig entwickeln und bereits Blütenansätze zeigen. An heißen Tagen muss ausreichend gegossen und wöchentlich flüssig gedüngt werden. Das Wandelröschen (*Lantana*), der Granatapfel (*Punica granatum*), die Schmucklilie (*Agapanthus*), aber auch die Bleiwurz (*Plumbago*) und die Engelstrompete (*Datura*) lieben volle Sonne möglichst den ganzen Tag.
Da die Bleiwurz nach Niederschlägen kaum blüht, empfiehlt es sich, sie südseitig unter einem vorspringenden Dach zu positionieren. Je wärmer sie es im Sommer hat, desto intensiver blüht sie.

Kap-Bleiwurz (*Plumbago auriculata*)

Oleander

Der überaus beliebte Oleander lässt sich sehr leicht vermehren. Von einer Pflanze wird eine gut entwickelte, blütenlose Triebspitze von etwa 20 cm Länge abgeschnitten. Die untersten Blätter werden vorsichtig entfernt. Direkt unter einem Blattansatz wird mit einem scharfen Messer glatt geschnitten. Die Bewurzelung von Stecklingen erfolgt problemlos im Wasserglas oder in Aussaaterde unter einer Folienhaube.
Gelbe Blätter am Oleander können ein Zeichen von Wasser- oder Düngermangel sein. Die Pflanze benötigt nicht nur reichlich Sonne und Wasser, sondern auch viele Nährstoffe. Daher kann von nun an bis zum Beginn des Frühherbstes alle Wochen gedüngt werden.
Der Oleander sollte nur mit Leitungswasser gegossen werden! Wo das Leitungswasser zu weich ist, darf ein Teelöffel Düngekalk in die Erde gemischt werden. In der warmen Jahreszeit muss zudem immer Wasser im Untersatz stehen.

Frühlings-Schlussverkauf

Nach dem großen Sommerblumenverkauf im Vollfrühling bieten jetzt Gärtnereien und Gartencenter preiswerte „Restverkäufe" von Sommerblumen an. So kann man manches Schnäppchen erstehen, teils auch bei Containerstauden und -gehölzen.

Gerade diese „überständige" Pflanzware muss sehr sorgfältig geprüft werden. Wenn sich die Pflanzen kaum noch aus dem Topf herausheben lassen, kann man zumindest die unten herausragenden Wurzelspitzen

Ballhortensie (*Hydrangea macrophylla*)

begutachten. Sie sollten überwiegend weiß und frisch sein. Viele braune Wurzeln deuten auf Fäulnis durch Staunässe und unsachgemäßes Gießen hin.

Abgeblühte Hortensien

Ballhortensien, die blühend als Muttertagsgeschenk ins Haus gekommen sind, werden nun im Garten ausgepflanzt. Der Pflanzort der Hortensien soll schattig oder zumindest über Mittag im Schatten sein, sonst wird die Hortensie schnell schlapp und leidet.
Die Erde muss kalkarm sein, daher ein Moorerdengemisch (z. B. Rhododendron-Erde) als Pflanzerde verwenden. Bis Anfang August wird die Hortensie alle 10 bis 14 Tage mit einem Rhododendron-Dünger gedüngt.

Baumpfähle

Bei Koniferen und Laubgehölzen muss die Verankerung (Baumpfahl) nachgespannt und gesichert werden. Zum Anbinden haben sich Kokosstricke bestens bewährt, sie sollten aber in einer 8er-Schlinge zwischen Stamm und Pfahl geschlungen werden. Der Pfahl darf nicht bis in die Krone reichen und darf auch nicht an der Rinde des Stammes reiben. Diese Sicherung sollte sich immer auf der Wetterseite befinden, da sonst bei sommerlichen Gewitterstürmen der frischgepflanzte Baum aus seiner Verankerung gerissen werden kann.

Fliederschnitt

Der Flieder darf nach der Blüte nicht zurückgeschnitten werden. Auf den ersten Trieben unter der Blütenrispe wurden bereits die Blütenknospen für das nächste Jahr gebildet. Die nächsttieferen Triebe bilden sonst für das folgende Jahr keine Blütenknospen aus. Daher wird nach der Blüte nur der vertrocknete Blütenrest weggeschnitten.
Nach jedem kräftigen Rückschnitt des Flieders sind erst wieder in späteren Jahren Blüten möglich.

Veredelungen freistellen

Viele Ziersträucher sind auf wuchskräftige Unterlagen veredelt. Oftmals treiben aus dem Boden Triebe der Unterlage durch, wie zum Beispiel bei Mandelbäumchen (*Prunus triloba*), Rosen und Edelflieder. Man legt die Unterlagstriebe sobald als möglich frei und reißt oder schneidet sie ab. Besonders bei der Korkenzieherhasel (*Corylus avellana* 'Contorta') treibt gerne die Unterlage durch,

Nur an dieser Stelle sollte der Blütenrest des Flieders weggeschnitten werden.

Haselnuss-Unterlage und Holunder unterdrücken die langsam wachsende Bluthasel.

Unmittelbar über dem ersten fünfteiligen Blatt wird die verblühte Rose abgeschnitten.

und wenn darauf nicht geachtet wird, ist sie in zwei bis drei Jahren ein normaler, riesiger Haselstrauch.

Rosendüngung

Zum Ende des Frühsommers sollte nochmals eine Düngung mit einem Mineraldünger erfolgen – die letzte in dieser Saison. Jetzt werden keine organischen Dünger mehr ausgebracht, sie würden erst im Spätsommer oder Frühherbst richtig wirken. Das kann dazu führen, dass die Rosen nicht mehr vor dem Winter abschließen und ausreifen.

Verblühte Beetrosen

Die Rosen stehen jetzt in voller Blüte und daher wird die Pflege großgeschrieben. Alle verwelkten Blüten werden so abgeschnitten, dass knapp oberhalb des ersten fünfteiligen Blattes gekappt wird. Dort treibt die in der Blattachsel befindliche Knospe einen neuen Trieb für die nächste Blüte.

Nach der ersten Blüte brauchen die mehrmals blühenden Rosen nochmals eine kräftige Düngung. Da die organischen Dünger zu lange bis zu ihrer Wirkung brauchen, wird jetzt ein Mineral-Volldünger gestreut, sofort eingearbeitet und bei Trockenheit auch gut eingegossen. Das Gießen sollte aber so erfolgen, dass möglichst die Rosenblätter nicht getroffen werden. Wird nur in den frühen Morgenstunden gegossen, dann können die Rosenblätter gut abtrocknen und sind nicht einer zusätzlichen Gefahr durch eine Pilzinfektion ausgesetzt.

Rasenpflege

Ähnlich ist es mit dem Rasen, auch er braucht regelmäßige Pflege, bestehend aus Wasser, Dünger und Schnitt. Langzeitrasendünger wirken etwa 100 Tage und werden das letzte Mal Ende Juni gestreut. Rasch wirkende Mineraldünger wie Blaukorn, Rotkorn, Nitrophoska usw. sind in ca. 30 bis 40 Tagen verbraucht und werden auch nur bis Ende Juli ausgebracht. Beim Streuen mit dem Düngerwagen auf genau deckende Streubahnen achten, sonst entstehen helle Streifen. Unangenehme Unkräuter wie Löwenzahn, Disteln, Wegerich und andere werden mit dem Distelstecher ausgestochen. Wer es mit chemischen Mitteln machen will, muss nicht unbedingt den ganzen Rasen spritzen. Es genügt, wenn mit der Spritzbrühe kurz ins Herz der Unkrautpflanze gespritzt wird. Liebenswerte Kräuter wie Gänseblümchen und andere bleiben so erhalten.

Blütensträucher

Jetzt ist es höchste Zeit, die im Frühjahr blühenden Sträucher zurückzuschneiden. Alle abgeblühten Sträucher brauchen jetzt den Rückschnitt alter Äste und Zweige. Vor allem Zweige, die schon mehrmals geblüht haben, sollten auf einen kräftigen Jungtrieb zurückgenommen werden, damit sie im Sommer neue Blütenknospen für das nächste Jahr anlegen können. Alte Strauchäste – erkennbar an dunklerer oder borkiger Rinde – werden gänzlich bis zum Boden herausgeschnitten.

Rhododendron

Rhododendronblüten sind nach dem Abblühen vorsichtig auszubrechen, dabei muss auf den empfindlichen Neutrieb geachtet wer-

Um den Neutrieb nicht zu schädigen, werden die Blütenreste vorsichtig ausgebrochen.

den. Auch bei Flieder, Deutzien etc. sollten die Samenstände weggeschnitten werden. Denn die Samenbildung geht oft auf Kosten der Blütenknospen für das nächste Jahr.

Brennnesseln

Brennnesseln sind im Garten eine wertvolle Hilfe. Die ganzen Stängel der Pflanzen, als Mulchschicht auf Beeten ausgebracht, können Nacktschnecken vertreiben.
Über Blumen und Gemüse gespritzte Jauche aus Brennnesseln kräftigt die Pflanzen und vertreibt Schädlinge. Das Kraut dient auch als Kompostverbesserer.

Farne

Farne sind nicht nur ideale Pflanzen für schattige und feuchte Bereiche im Garten, sondern auch hilfreich bei der Bekämpfung von Schnecken. Um die gefräßigen Tiere fernzuhalten, wird der getrocknete und zerbröselte Farn um die Beete gestreut. Farn eignet sich auch gut zum Mulchen, da Schnecken diese Pflanze nicht mögen.
Übrig gebliebener Schwarztee ist ein guter Dünger für Farne, die enthaltenen Stoffe fördern das Wachstum dieser Schattenpflanzen.

Nadelgehölz-Schäden

Erst im Frühsommer werden vielfach Schäden an verschiedenen Nadelholzarten sichtbar. Das sind in den meisten Fällen so genannte „Trockenschäden". Der immergrüne Nadelbaum oder Strauch hat im Winter nicht genügend Wasser in seinen Trieben gehabt, damit er auch bei winterlicher Sonneneinstrahlung Wasser verdunsten kann. Jetzt hilft nur das Abschneiden der braunen Zweige und Äste.

Blütenwelke (Monilia) der Süßkirsche

Von jedem Blütenbüschel soll nur eine Frucht bleiben.

Obstgarten

Aprikosen (Marillen), Kirschen und Sauerkirschen (Weichseln)

Die Krankheit Monilia-Triebwelke ist sehr stark verbreitet. Wenn welke Triebe an diesen Steinobst-Bäumen sichtbar werden, müssen alle befallenen Triebe sorgfältig herausgeschnitten werden. Dabei müssen mindestens 30 bis 40 cm des gesunden, nichtwelken Astes mitentfernt werden! Der Pilz wächst sonst weiter und lässt weitere Triebe absterben. Alle abgestorbenen Äste werden sorgfältig entsorgt, die Schnittstellen sollte man aber nicht mit Wundverschlussmitteln verstreichen.

Fruchtausdünnung bei Apfel und Birne

Übermäßiger Fruchtbehang bringt nicht nur zu kleine Früchte im Herbst, sondern führt auch zu einem geringeren Blütenansatz im Folgejahr. Bei einem starken Blütenansatz ist es daher sinnvoll, möglichst früh auszudünnen. Sobald die Früchte etwa Haselnussgröße erreicht haben, belässt man nur eine Frucht pro Fruchtbüschel. Überschüssige Früchte werden entweder mit einer spitzen Schere (Weinleseschere) oder vorsichtig mit Daumen und Zeigefinger entfernt.

Ältere Obstbäume, die reichlich tragen, werfen meist die schwach entwickelten Früchte vorzeitig ab. Der Fachmann nennt dies den „Junifruchtfall". Trotzdem bleiben vor allem auf Apfelbäumen noch zu viele Früchte am Baum. Diese entwickeln sich wegen ihrer Überzahl bis zur Ernte nur schwach. Im nächsten Jahr trägt der Baum dann fast nichts, da er wegen der vielen Früchte keine Kraft zur Blütenknospenbildung hatte. Der Obstbauer nennt dies „Alternanz der Obstbäume". Daher ist das Ausdünnen der Obstbäume wichtig. Ideal ist, wenn bei Äpfeln und Birnen von jedem Blütenbüschel nur eine Frucht übrigbleibt.

Bei dieser Handauspflückung sollte man gut darauf achten, schiefe, beschädigte und vor allem kleine Früchte zu entfernen.

Neben einer besseren Fruchtgröße werden damit auch die innere Qualität und die Ausfärbung durch die Ausdünnung positiv beeinflusst. Dann hat der Baum genügend Kraft, Blütenknospen für das nächste Jahr anzulegen und kann die verbliebene Frucht optimal ernähren.

Nachwirkung von Frostschäden

Nach einem Spätfrost, bei dem viele Apfelblüten abgefroren sind, sollten möglichst alle Früchte belassen werden, um das Baumwachstum zu bremsen und damit die Stippegefahr für die übrigen Früchte zu vermindern.

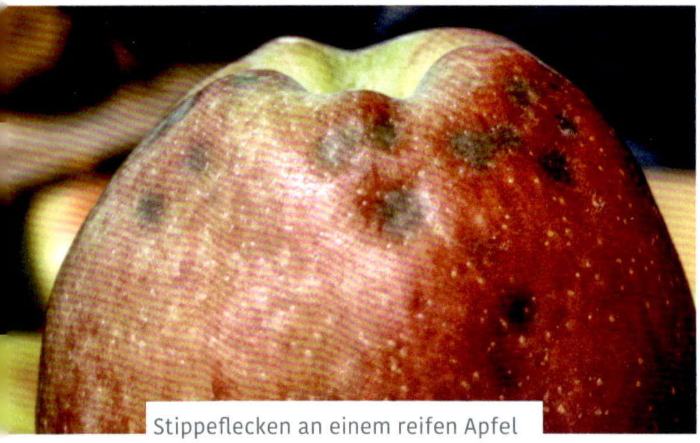
Stippeflecken an einem reifen Apfel

Die Stippe des Apfels

Bei der Ernte von Äpfeln werden auf der Schale eingesunkene braune Flecken entdeckt. Diese Schadstellen setzen sich im Fruchtfleisch fort. Oftmals wird die Schädigung erst im Lager entdeckt. Diese gebräunten, etwas korkigen Stellen schmecken leicht bitter.
Verursacht wird dieser Schaden durch eine zu geringe Versorgung der Früchte mit dem Nährstoff Calzium. In Phasen mit starkem Wachstum braucht der Apfelbaum seine eingelagerten Vorräte an Calzium für die Triebbildung. Dadurch werden die Früchte zu wenig versorgt. Eine vorbeugende Abhilfe wird durch eine regelmäßige Kalkdüngung im Spätherbst erzielt.

Wassertriebe (Schosser)

Nach dem Winterschnitt treiben ältere Obstbäume vermehrt lange, senkrecht nach oben wachsende Äste. Damit wollen die Bäume das wieder ersetzen, was beim Schnitt entfernt wurde. Diese Triebe werden jetzt im Frühsommer herausgerissen (nicht geschnitten). Jetzt sind sie noch nicht verholzt und können leicht entfernt werden.
Durch das Abreißen werden die an der Basis des Triebes sitzenden „schlafenden" Augen mit herausgerissen. Die Risswunde verheilt rasch und an der Rissstelle wächst kein neuer Trieb nach. Wird nur abgeschnitten, dann treiben diese Nebenaugen im nächsten Jahr verstärkt aus.

Im Vorjahr nicht entfernte Wassertriebe führen zu einem Besenwuchs.

Brombeer-Seitentriebe einkürzen

Himbeeren

Bereits abgeerntete Himbeerruten sollten möglichst bald entfernt werden. Dadurch haben die jungen unverzweigten Triebe, die im nächsten Jahr Früchte tragen, genügend Platz.

Unter den Himbeeren wird immer eine Mulchschicht aufgebreitet, um den Unkrautwuchs zu unterbinden. Himbeeren wurzeln sehr flach, jegliches Unkrautjäten stört daher die Wurzeln.

Brombeeren

Die anspruchslosen Brombeeren lieben sonnige Plätze, die immer gut gemulcht sind. Ihre Ranken wachsen in den Sommermonaten besser, wenn man die blütenlosen Seitentriebe auf ein bis drei Blätter kürzt. Daran bilden sich im nächsten Jahr die Blütentriebe. Je nach Wuchs können an der Pflanze drei bis sechs Ranken gelassen werden. Nach der Ernte im Spätsommer werden die abgetragenen Ruten dicht über dem Boden abgeschnitten.

Gemüsegarten

Brunnenkresse

Kresse kann man auch jetzt noch säen. Sie gedeiht sehr gut in Töpfen und Schalen. Die meist überhängend wachsenden Kräuter benötigen einen schattigen Platz. Dabei muss die Erde immer nass gehalten werden.

Die würzigen und vitaminreichen Blätter sollte man ernten, solange die Pflanzen nicht blühen.

Rettich

Der Sommerrettich wird je nach Sorte im Abstand von 12 × 15 oder 25 × 25 cm gesät. Pro Saatstelle werden 2 bis 3 Korn 2 cm tief gelegt und später vereinzelt. Die Ernte ist von Juli bis September.

Möhren (Karotten)

Karotten, die für den Winterbedarf eingelagert werden, müssen bis Mitte Juni auf Kämmen mit lockerer Erde ausgesät wer-

Stangenbohne ‚Neckarkönigin'

den, damit sie gerade Wurzelkörper bilden können.

Stangenbohnen

Dieses beliebte Gemüse kann noch bis zum Anfang des Frühsommers gesät werden. Je Stange kommen 6 bis 8 Korn etwa 3 cm tief in die Erde. Die Ernte ist dann im September bis Oktober.
Sie bringen mehr Ertrag, wenn sie waagrecht gezogen werden. Dazu lässt man sie zuerst wie gewohnt an Stangen nach oben klettern und führt die Ranken dann in ca. 1 m Höhe an Querdrähten waagrecht weiter. Empfehlenswert sind dabei mehrere Etagen. Auf diese Weise werden die Bohnen auch früher reif.

Kraut (Kohl)

Kohl und Sellerie nebeneinander gepflanzt, ergänzen sich hervorragend. Sellerie hält mit seinem intensiven Duft Kohlmücke und Kohlweißling von seinem Nachbarn fern, während Kohl sein Nachbargemüse vor Rostbefall schützt. Rosenkohl- (Sprossenkohl-) und Kraut- bzw. Kohlpflanzen werden in einem Abstand von 50 x 50 cm gepflanzt.

Kohlrabi

Kohlrabi-Pflanzen müssen in der Anbauzeit und bei Trockenheit mit reichlich Wasser versorgt werden. Kohlrabi schmeckt am besten, wenn er bei der Ernte etwa die Größe eines Tennisballs erreicht hat.
Spätkohlrabi muss Ende Juni / Anfang Juli gepflanzt werden. Für den Winterverbrauch sollten nur Dauersorten gewählt werden, die jedoch mehr Platz als die übrigen Sorten benötigen. Der geringste Abstand muss 30 x 30 cm betragen.

Rote Rüben

Jetzt ist der letzte Aussaattermin für die Roten Rüben. Es wird an Ort und Stelle im Abstand von 25 x 10 cm ausgesät. Da immer mehrere Pflanzen an der gleichen Stelle auflaufen, werden sie, sobald die Pflanzen 5 cm hoch sind, vereinzelt.

Endivien säen

Die Winterendivie wird bis Mitte Juni am Saatbeet ausgesät. Die Jungpflanzen werden als Folgekultur von bereits geernteten

Gemüsearten, die bis Anfang August abgeerntet sind, Mitte August gepflanzt.
Bis Mitte Juni kann Zuckerhut und Chinakohl/Japankohl an Ort und Stelle ausgesät werden, ein späterer Termin ist nicht günstig.

Gurken

Unbedingt notwendig ist das Entspitzen der Gurkenpflanzen. Sobald das fünfte Blatt ausgewachsen ist, wird mit einem scharfen Messer entspitzt, niemals mit den Fingern. Damit wird erreicht, dass sich die Seitentriebe schneller entwickeln. Diese bringen reichlich Blüten und Früchte. Der Schnitt erfolgt in der Mitte des Triebteiles zwischen dem 5. und 6. Blatt. Die Haupttriebe sollten in die gewünschte Richtung gelegt werden, sodass im Laufe der Zeit das Beet gleichmäßig von der Gurkenpflanze bedeckt ist.
Dankbar sind Gurken auch für ein Rankgerüst. Dazu werden Weiden- oder Haselnussruten in flachen Bögen längs und quer ins Beet gesteckt. So werden die Gurken besser vor Fäulnis und Grauschimmel geschützt. Man kann sich aber auch mit Reisig behelfen. Die Zweige werden auf 15 bis 20 cm eingekürzt, im Abstand von 20 bis 30 cm in den Boden gesteckt und die Gurkentriebe darübergelegt.

Tomaten (Paradeiser)

Von den jetzt zügig wachsenden Tomaten müssen die bei fast jedem Blatt heraustreibenden Geiztriebe entfernt werden. Für das Aufbinden sind Welldrahtstäbe besonders empfehlenswert, da sie keimfrei bleiben. Die schönsten Früchte entwickeln sich bei eintriebiger Erziehung. Durch ein regelmäßiges leichtes Rütteln der Pflanzen wird die Fruchtbildung verbessert. Sie können sich dadurch selbst bestäuben.

Rhabarber

Für Rhabarber ist mit Ende des Frühsommers die Erntezeit zu Ende. Die Pflanze soll sich wieder erholen und zu Kräften kommen. Auch ist der Oxalsäuregehalt in den Stängeln

Kohlrabi

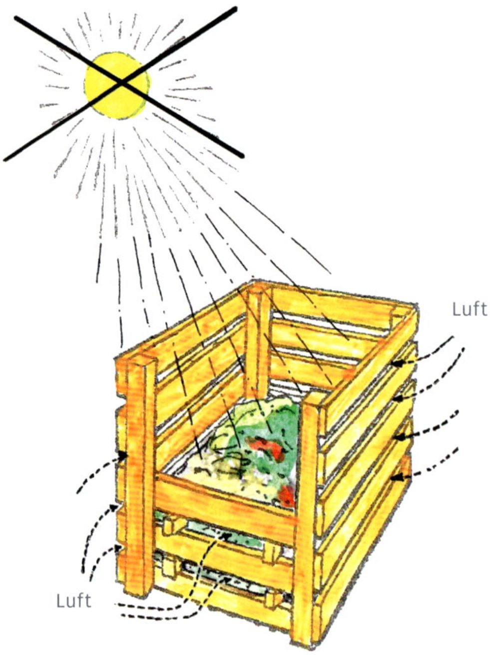

Der Kompostsilo sollte nicht in der prallen Sonne platziert sein.

nun zu hoch. Auf eine gute Düngung und ausreichendes Gießen darf nicht verzichtet werden. Die wuchtige Rhabarberblüte kostet die Pflanze viel Kraft. Sie sollte daher schon bei der Entstehung ausgebrochen werden.

Schnittlauch

Wenn der Schnittlauch geerntet wird, soll er immer bis zum Boden geschnitten werden. Dann können sich die wenngleich hübsch anzusehenden, blühenden Halme gar nicht erst ausbilden.

Kompost

Der Kompostplatz muss leicht zu erreichen sein, damit die Pflanzenabfälle sofort auf den Komposthaufen gebracht werden können. Es soll ja nichts unordentlich im Garten herumliegen, sondern immer gleich am richtigen Platz deponiert werden.

Da der Kompostierungsvorgang im Schatten günstiger abläuft als in der Sonne, eignen sich Nordwände, Nordseiten von Zäunen, schattenspendende ältere Bäume u. ä. besonders gut für eine Anlage. Ein schattiger Platz soll es deswegen sein, damit der Kompost vor allem im Sommer durch Sonneneinstrahlung nicht unnötig aufgeheizt und ausgetrocknet wird.

Wenn nur ein schattenloser Platz möglich ist, schützt eine Plane den Kompostplatz vor aufheizender Sonne. Die Plane soll auch vor übermäßiger Durchnässung des verrottenden Materials bei langanhaltenden Niederschlägen Schutz bieten.

Ist das „Unsichtbar machen" eines Kompostplatzes durch Aufstellen unter Bäumen nicht möglich, kann der Platz auch durch Vorpflanzung von Sträuchern oder durch kletternde Pflanzen (z. B. Kürbisse, Trichterwinden, Melonen) im Laufe des Sommers verdeckt werden. Auch der Aufbau von Lattenrosten, Zäunen, Verkleidungen mit verschiedensten Sichtschutzmaterialien ist als Tarnung möglich.

Abgeerntete Beete

Sommerradieschen eignen sich immer für eine Zwischenkultur auf abgeernteten Beeten. Durch die Verwendung eines Saatbandes liegen die Saatkörner schon im richtigen Abstand. Das Band wird in eine 2 cm tiefe Furche gelegt, kurz angegossen und dann mit Erde bedeckt.

Den Lochfraß in den jungen Radieschenblättern verursacht ein kleiner Käfer namens Erdfloh. Sein Schaden kann durch das Auflegen von Tomatennebentrieben und Tomatenblättern als Mulch verhindert werden.

Hochsommer

Blüte der Lilie
Blüte der Kornblume
Reife der Johannisbeere (Ribiseln)
Blüte der Weinrebe
Blüte der Sommerlinde

Hochsommer

Nun steuert das Jahr auf seinen Höhepunkt zu, das Wachstum und die Blattentwicklung von Bäumen und Sträuchern haben sich beruhigt. Jetzt geht es den Pflanzen um die Entwicklung von Früchten und um die Einlagerung von Reservestoffen.

Die weißen Haarbüschel in den Verästelungen der Blattade sind das sichere Erkennungszeichen der Sommerlinde.

Die Leitphasen für den Beginn des Hochsommers sind der Blütebeginn der Sommerlinde. Zu unterscheiden ist dabei zwischen Sommer- und Winterlinde. Während die Sommerlinde meist zwischen Mitte und Ende Juni zu blühen beginnt, folgt die Winterlinde erst etwa eine Woche später mit ihrer Blüte.

Blüten der Sommerlinde

Blüten der Winterlinde

Blüte der Weinrebe

Da beide Lindenarten einander sehr ähnlich sehen, hier die wichtigsten Unterscheidungsmerkmale:
Die Blätter der Sommerlinde (*Tilia platyphyllos*) sind rundlich herz- bis eiförmig, mitunter auch schief eiförmig. Die Farbe der Blätter ist ein lebhaftes Grün, die Blattunterseite ist weich behaart und hat in den Verästelungen der Blattadern gerade, weiße, abstehende Härchen. Die Blüten sind gelbliche, drei- bis fünfblütige Trugdolden.
Die Blätter der Winterlinde (*Tilia cordata*) sind fast gleich rundlich bis eiförmig gestaltet, aber dunkelgrün. Auf der Blattunterseite sind sie blaugrün behaart und in den Blattaderverzweigungen haben sie rotbraune Achselbärtchen. Die Blüten sind gelblichweiße Trugdolden mit fünf bis elf hängenden Blüten.
Ein weiteres typisches Merkmal für den Beginn des Hochsommers ist die Reife der ersten roten Johannisbeeren (Ribiseln). Wenn die roten Träubchen zwischen den Blättern hervorleuchten, beginnt die Erntezeit des Beerenobstes. Bald danach ist die Reifezeit der Stachelbeeren, die wieder von der Ernte der Sommerhimbeeren gefolgt wird.
Für die Weinbauern beginnt eine der wichtigsten Zeiten des Jahres, die Blüte der Weinreben. Nur wenn zu dieser Zeit warmes und trockenes Wetter herrscht, kann mit einer zufriedenstellenden Ernte gerechnet werden.
In den Gärten erblühen die Madonnenlilien, auf Getreidefeldern die Kornblumen und an Wegrändern die Wegwarte.

Madonnenlilie

Kornblume (*Centaurea cyanus*)

Wegwarte (*Cichorium intybus*) am Straßenrand

Der einzige Nachteil des Hochsommers ist nur, dass die Tage nun wieder kürzer werden. Aber noch freut sich der Gartenbesitzer über Mußestunden bei warmem Wetter und herumtollende Kinder auf den Wiesen.

Ziergarten

So manche Empfehlungen, die schon im Vollfrühling oder Frühsommer gegeben wurden, wiederholen sich im Hochsommer.

Regenwasser

Wer Regenwasser sammelt, kann mit dem kostengünstigen Nass Trockenzeiten überbrücken. Das erwärmte Wasser ist für Pflanzen besser verträglich als kaltes Leitungswasser. Da die nützlichen Regentonnen bevorzugte Brutstätten für Stechmücken sind, sollten die Wasserspeicher vorsorglich abgedeckt werden. Seit kurzem gibt es ein pflanzenunschädliches Präparat für Wasserspeicher, das die Stechmücken bei der Eiablage untergehen und die Larven absterben lässt.

Balkon- und Terrassenpflanzen

Kübelpflanzen brauchen einen festen Standplatz. Rollen für große Kübel, eigentlich zum Transport von schweren Kübelpflanzen

Engelstrompete (*Brugmansia* Hybr.)

ins Winterquartier gedacht, verleiten dazu, gleich alle Pflanzen auf dem Balkon und der Terrasse damit auszurüsten und sie dann ständig umzudekorieren. Doch die Pflanzen mögen solche Standortwechsel gar nicht, denn sie richten sich stets nach der Sonne aus. Hat man also einmal einen perfekten Standort für eine Balkon- oder Terrassenpflanze gefunden, sollte man sie dort so lange wie möglich stehenlassen. Das gilt natürlich nur, solange sich die Pflanze an ihrem Standort auch wirklich wohlfühlt.

Verblühte Rosen zurückschneiden

Damit die mehrmals blühenden Rosen rasch einen neuen Blütentrieb bilden können, wird Abgeblühtes gleich nach dem Abfallen der Blütenblätter weggeschnitten. Dabei wird, wie schon im Frühsommer erläutert, knapp oberhalb des ersten 5-teiligen Blattes gekappt. Mehrmals blühende Rosen bringen dadurch eine raschere und bessere Nachblüte. Bei den einmal blühenden Strauch- und Kletterrosen wird nicht zurückgeschnitten, die Früchte zieren dann noch im Spätsommer.

Wildtriebe entfernen

Wichtig ist das Entfernen der Rosenwildtriebe, erkenntlich an den kleineren Blättern. Sie rauben der Pflanze unnötig Kraft. Diese Wildtriebe, die immer ein Austrieb der Unterlage sind, werden besser abgerissen als geschnitten. Die Wunde verheilt rasch und eine weitere Triebbildung wird verhindert.

Rosendüngung

Ab Ende Juli sollten Rosen nicht mehr mit Mineraldünger gedüngt werden! Organische Dünger wie Kompost oder Stallmist werden erst wieder im Herbst ausgebracht.

Blattläuse auf Rosen

So lange die Rosen zarte Jungtriebe bilden, setzen sich gerne Blattläuse an. Manchmal genügt es, sie mit einem Wasserstrahl herun-

Rosenblattläuse

ter zu spritzen, zielführender ist es allerdings sie mit einem bienenungefährlichen Mittel zu bekämpfen.

Gießen im Hochsommer

Grundsätzlich soll nur in den kühlen Morgenstunden gegossen werden. Wichtig ist es, beim Gießen den Boden durchdringend zu befeuchten, ein oberflächliches Bespritzen reicht nicht aus. Mindestens 20 bis 25 l, besser bis zu 30 l Wasser pro m² müssen für eine ausreichende Bewässerung ausgebracht werden. Das sind 20 bis 30 Teilstriche im Regenmesser, der bei jeder Beregnung aufgestellt werden sollte.

Rasenpflege

Auf schlecht gepflegten Rasenflächen kann es zu unliebsamen Schäden kommen. Das Gras darf beim Mähen nicht zu kurz geschnitten werden, vor allem dann nicht, wenn der

Urlaub naht. Die Halmlänge sollte 4 bis 5 cm betragen, um die Gefahr der Austrocknung zu vermindern. Der Boden sollte immer genügend Feuchtigkeit gespeichert haben, damit Trockenschäden ausgeschlossen sind.
Bei höheren Tagestemperaturen und schon länger ausgebliebenen Niederschlägen ist es gut, abends zu gießen, damit die Feuchtigkeit über Nacht in den Boden einziehen und von den Pflanzen aufgenommen werden kann. Vor allem gilt dies bei kurz gemähtem Rasen, er würde sonst wieder zu schnell in der Sonne austrocknen.
Anfang Juli kann der Rasen noch eine letzte Düngung mit einem Langzeitdünger erhalten, erst im Herbst wird dann organisch, z. B. mit Kompost gedüngt.
Auf schlecht gepflegtem Rasen, d. h. nicht ausreichend gedüngt und gegossen, bilden sich leere Flecken. Kurze Zeit später ergrünen diese Flecken wieder mit einer grasähnlichen Pflanze, die flach am Boden liegt. Das sind Hirsepflanzen, deren Samen in einer geschlossenen Rasenfläche nicht keimen können. Sie stören zwar den Gesamteindruck, sterben aber im Spätherbst wieder ab.
Besser ist es jedoch, sie sofort zu entfernen und Grassamen nachzusäen. Nach der Keimung werden diese Stellen zusätzlich mit stark verdünntem Flüssigdünger gegossen, um rasch wieder eine geschlossene Rasenfläche zu erhalten.

Kübelpflanzen

Bougainvilleen (Drillingsblumen) blühen im Sommer mehrmals nacheinander. Sobald die Hochblätter des ersten Blütenflors pergamentartig eingetrocknet sind, können die jungen Triebe um etwa die Hälfte eingekürzt werden. Schon bald bilden sich neue Seitenzweige, an denen später neue Blüten erscheinen.
Olivenbäume als Topfpflanzen brauchen regelmäßig Wasser, im Sommer fast täglich. Wenn die mediterranen Pflanzen plötzlich Blätter abwerfen, ist die Ursache oft ein zu starkes Austrocknen der Erde. Dies kann aber bereits eine Woche zurückliegen, da Oliven zeitverzögert reagieren.
Oleander sollte jetzt ständig Wasser (Leitungswasser) im Untersatz stehen haben. Der gleichzeitige Zusatz eines Flüssigdüngers fördert seine Blüh- und Wachstumsfreude.

Bougainvillea-Hybride

Dahlienbeet im Hochsommer

Dahlien

Sie zählen zu den schönsten Blühern der Spätsommer und Herbsttage, müssen aber gut mit Stäben gestützt werden. Dahlien entwickeln größere Blüten, wenn die seitlich wachsenden Knospen an der Spitze des Triebes entfernt werden. Kleinere Blüten bilden sich, wenn die Spitzenknospe gekappt wird. Wenn Verblühtes regelmäßig entfernt wird, bilden sich bis zum Frostbeginn im Herbst immer wieder neue Blüten.
Dahlien eignen sich gut als Schnittblumen. Man schneidet sie, wenn die meisten Blüten geöffnet sind. Die Blumen halten am längsten in der Vase, wenn das Stielende schräg angeschnitten wird und alle Blätter, die ins Wasser hängen, entfernt werden.

Sommerschnitt der Hecken

Im Hochsommer müssen die Hecken geschnitten werden. Ligusterhecken werden aber sicher nochmals durchtreiben. Sie müssen im September nachgeschnitten werden. Doch vor dem Heckenschnitt kontrollieren, ob noch brütende Vögel ihre Nester besiedeln!

Buchsbaum

Die beliebten Buchsbaumsträucher können, egal ob als Hecke oder Einzelpflanze, noch bis im August geschnitten werden. Wenn viele Blätter des Buchsbaumes braun werden oder gar ganze Triebe absterben, dann bitte auf die gefräßige Raupe des Buchsbaumzünslers achten. Erkennbar ist der Befall, wenn im Inneren des Strauches feine Gespinstfäden und an Blättern und Rinde fressende Raupen gefunden werden. Zur Bekämpfung gibt es Bio-Präparate, die den Raupendarm zerstören. Die Behandlungen müssen mehrmals von April bis Ende August durchgeführt werden.

Triebsterben des Buchsbaumes

Vertrocknete Triebe und Blätter (ohne Fraßschäden) weisen auf das Triebsterben des Buchsbaumes hin. Dieser Schaden wird durch einen Pilz namens *Cylindrocladium buxicola* verursacht. Der Pilz infiziert, wenn die Blätter längere Zeit feucht sind.
Zunächst entstehen auf den Blättern dunkelbraune Flecken, die schnell größer werden und zusammenfließen. Dann fallen die Blätter und die Triebe sterben ab.

Wisteria sinensis, der Blauregen, auch Glyzinie genannt.

Daher sind ein sonniger, luftiger Standort und eine ausgewogene Wasser- und Nährstoffversorgung wichtig. Zur chemischen Bekämpfung des Befalls sind entsprechende Präparate im Fachhandel erhältlich.

Blauregen/Glyzinie

Der Blauregen verträgt nach der Blüte einen kräftigen Rückschnitt, um wieder Kraft für neue Blüten zu bilden. Bei älteren Pflanzen kürzt man die neuen Seitentriebe um zwei Drittel der Länge, bei jungen Pflanzen etwa auf Handbreite.

Bei den Kletterpflanzen regelmäßig die Bindedrähte lockern, damit sie nicht in die Triebe hineinwachsen. Besser ist, von Anfang an mit Kokosstricken oder dehnbaren Kunststoffbändern zu binden.

Vogeltränken

Möglichst an der Stelle, wo im Winter die Futterstelle für unsere Singvögel war, sollte eine Vogeltränke aufgestellt werden, denn die gefiederten Freunde trinken und baden gerne. Gerade um diese Zeit müssen die Vogeltränken möglichst oft mit frischem Wasser befüllt werden.

Der Garten während der Urlaubszeit

Den Rasen vor dem Urlaubsantritt nicht zu kurz schneiden, damit er nicht ausbrennen kann. Eine Rasenhöhe von 5 bis 7 cm ist jetzt die günstigste Einstellung des Rasenmähers. Nochmals alles Unkraut jäten, noch einmal kräftigst bewässern, losfahren und hoffen, dass Petrus ein Einsehen hat und ab und zu einen nicht zu starken Regenguss schickt. Auch alle immergrünen Gehölze brauchen noch einmal einige Kübel Wasser, damit sie bei anhaltender Trockenheit nicht leiden.

Balkon- und Kübelpflanzendüngung

Jetzt müssen die Balkonblumen mindestens zweimal in der Woche gedüngt werden, Flüssigdünger sind leichter zu dosieren. 20 ml in 10 l Wasser ist eine für alle Pflanzen verträgliche Dosierung.

Besser ist es, wenn regelmäßig schon beim Gießen gleich mitgedüngt wird. Damit es nicht zu viel wird, kommen jedes Mal 5 g oder ml Dünger in 10 l Gießwasser. Eine gleichmäßige Düngung ist besser verträglich, als Stoßweise einmal pro Woche.

Obstgarten

Erdbeeren

Ausläufer von Erdbeeren, die nicht als Jungpflanzen herangezogen werden, sollten rechtzeitig abgeschnitten und entfernt werden. Sie kosten die Pflanzen nur unnötig Kraft.
Bereits bewurzelte Ausläufer können als neue Jungpflanzen von der Mutterpflanze abgetrennt werden. Im Spätsommer werden sie vorsichtig aus dem Boden genommen und in ein neues Beet gepflanzt.
Nach der Ernte von einmal tragenden Erdbeeren wird das gesamte Laub abgeschnitten und entsorgt. Die neu austreibenden Blätter sind gesund und kräftigen die Erdbeerpflanze für das nächste Jahr.

reife Erdbeeren

Johannisbeeren (Ribiseln), Stachelbeeren

Nach der Beerenernte können die noch belaubten Sträucher bereits ausgelichtet werden. Es besteht nun keine Gefahr eines vorzeitigen Austriebs. Alle nach innen wachsenden Triebe werden genauso wie überzählige Bodentriebe entfernt. Alte abgetragene Äste werden zugunsten junger Triebe herausgeschnitten. Die zum Vergreisen neigenden Altäste erkennt man am immer kürzer werdenden Jahrestrieb. Nach dem 4. Jahreszuwachs gehört der Ast bodengleich herausgeschnitten.
Die Blütenknospen für das nächste Jahr werden durch das Entfernen überzähliger Triebe gestärkt. Der Mulch wird rund um die Beerensträucher erneuert oder ergänzt, damit kein Unkraut hochkommt und die Bodenfeuchte besser erhalten bleibt.

Schwarze Johannisbeere ‚Tenah‘ (Wiesenhofer)

Kiwis

Kiwipflanzen erhalten jetzt ihren Sommerschnitt. Durch das Auslichten der Pflanze erhalten die Früchte mehr Sonnenlicht, um besser reifen zu können. Alle nichttragenden Jahrestriebe werden eingekürzt, zu dicht wachsende Zweige entfernt. Nicht zu stark auslichten, damit die reifenden Früchte keinen Sonnenbrand bekommen.

Fruchtausdünnung beim Apfel

Wenn das Ausdünnen beim Apfel nicht im Frühsommer geschehen ist, muss es jetzt unbedingt nachgeholt werden. Wird das Ausdünnen nicht spätestens am Beginn des Hochsommers nachgeholt, gibt es im Herbst kleine Früchte und im nächsten Jahr fast keine Ernte.

Zu dicht sitzende Aprikosen-Früchte müssen ausgedünnt werden.

Auspflücken überzähliger Früchte bei Pfirsich und Aprikose (Marille)

Bei Aprikosen und Pfirsichen kann als Faustregel gelten, dass nur alle 10 bis 15 cm eine Frucht am Ast verbleiben soll. Bleiben mehr am Ast, stoßen sie sich gegenseitig beim zunehmenden Wachstum ab.

Kirschen und Sauerkirschen (Weichseln)

Sofort nach der Ernte gehören Kirschen und Sauerkirschen zurückgeschnitten und ausgelichtet. Bei den Kirschen werden dicke Triebe so geschnitten, dass ein Stumpf stehenbleibt. Das wirkt vorbeugend gegen Gummifluss. Erst nach einem halben Jahr oder später wird der Stummel auf Astring geschnitten und endgültig entfernt.

Gemüsegarten

Kräutergarten

Küchenkräuter wie beispielsweise Petersilie und Schnittlauch können jetzt geerntet und eingefroren oder zum Trocknen aufgehängt werden. Der Schnitt dieser Küchenkräuter sollte am Mittag erfolgen, zu diesem Zeitpunkt haben alle Küchenkräuter den höchsten Gehalt an ätherischen Ölen. Dill und Majoran sollten knapp vor der Blüte geerntet werden.
Sowohl Dill als auch Petersilie können jetzt noch einmal im Freiland ausgesät werden.

Gewächshaus

Gurken im Gewächshaus müssen regelmäßig hochgebunden werden. Lässt man sie an einem Klettergerüst (z. B. ein Stück Baustahlgitter) wachsen, bleiben die Gurken immer schön trocken und sind leichter zu ernten.
Zudem muss für möglichst viel Frischluft gesorgt werden. So lange wie möglich sollten alle Fenster und Türen geöffnet sein. Durch häufiges Lüften im Gewächshaus kann man Pilzkrankheiten wie etwa Grauschimmel oder Falschem Mehltau an den Gewächsen vorbeugen.
Auch sollten krankes Laub und faule Früchte sofort entfernt werden. Spritzungen mit

Schachtelhalmbrühe macht die Fruchthaut widerstandsfähiger gegen Fäule.

Tomaten (Paradeiser)

Zur Vermeidung der Krautfäule bei Tomaten wird vielfach eine Regenschutzhaube aus Folie aufgebracht. Diese Hauben schützen zwar vor Regennässe, haben aber mehr Nach- als Vorteile. Unter der Haube herrschen bei Sonnenschein höhere Temperaturen als außerhalb. Die Tomaten stellen aber ihr Wachstum bei Temperaturen über 30 °C ein bzw. bilden keine Blüten mehr aus. Schon bei Temperaturen über 25 °C bleiben die reifenden Tomaten wesentlich kleiner.
In der Nacht ist die Taubildung unter den Hauben stärker als im Freien, was wieder den Befall mit Pilzkrankheiten fördert. Wenn überhaupt eine Abdeckung der Tomaten erfolgen soll, dann muss es eine weiträumige, gut durchlüftete Bauweise sein. Das „Mini-Haus" muss aber auf mindestens einer Seite (gegenüber der Wetterseite) völlig offen sein (→ S. 67).
Zum Ende des Hochsommers, also Ende August, werden die Triebspitzen der Tomaten entfernt, denn die sich später noch entwickelnden Früchte werden nicht mehr reif. Die Pflanze wird über dem fünften geöffneten Blütenstand entspitzt. Es sollte aber auf jeden Fall über diesem Blütenstand mindestens noch ein Blatt stehenbleiben.
Gleichzeitig mit dem Ernten der Tomaten werden die unter dem abgeernteten Fruchtansatz befindlichen Blätter regelmäßig entfernt. Da aber mit Messer und Schere dabei Pilz- und Viruserkrankungen übertragen werden, die Blätter besser abbrechen.

Braunfäule der Tomate (Paradeiser)

Weißkohl

Kraut (Kohl)

Weißkraut-Frühsorten können bis Mitte Juli für die Späternte ausgepflanzt werden. Der Pflanzabstand bei Frühsorten soll 50 x 40 cm betragen. Der Boden darf nie austrocknen, Kraut braucht zur Blattbildung viel Wasser. Regnet es stärker nach Trockenperioden, dann platzen die Kohlköpfe.
Frühsorten des Rotkrauts für den Herbst- und Winterbedarf müssen ebenfalls bis Mitte Juli gepflanzt werden, der Pflanzabstand muss 50 x 50 cm betragen. Beim Rotkraut kommt es ganz besonders auf regelmäßiges Gießen und Düngen an, das bringt guten Erfolg.

Buschbohnen

Blumenkohl (Karfiol)

Dieses Gemüse kann bis Ende Juli gepflanzt werden, wenn Frühsorten verwendet werden, da deren Entwicklungszeit sehr kurz ist. Der Pflanzabstand sollte 40 x 40 cm betragen.

Bohnen

Wer jetzt ein Gemüsebeet frei hat, kann noch bis Mitte Juli Buschbohnen aussäen, um noch eine Vollernte zu bekommen. Bohnen brauchen im Sommer viel Wasser. Wenn sie es zu trocken haben, verkrümmen sich die Schoten. Daher empfiehlt sich ein regelmäßiges Beregnen am Morgen bei Trockenheit. Dies hemmt auch Spinnmilben und Blattläuse in ihrer Ausbreitung.
Wenn Blattläuse auf den Bohnen zu finden sind, – immer sind Ameisen in deren Nähe vorhanden – möglichst nur die Befallsstelle bespritzen, nicht die ganze Pflanze!
Bei Stangenbohnen vergehen von der Aussaat bis zum Erntebeginn je nach Sorte 58 bis 65 Tage. Stangenbohnen eignen sich auch gut zur Berankung von Lauben und Zäunen.
In den Trockenperioden, die oft im Juli auftreten, ist auf den Befall durch Spinnmilben zu achten, kenntlich durch helle Pünktchen auf der Blattoberseite. Das sind die Saugstellen der auf Ober- und Unterseite lebenden Spinnmilben. Manchmal sind auch feine Gespinste zwischen den Blättern erkennbar. Zur Bekämpfung ein amtlich registriertes Mittel einsetzen. Dabei auf die Abtrift der Spritzbrühe achten, andere Gemüsearten dürfen nicht getroffen werden.
Eine andere Hilfe ist das Bespritzen der Blätter in den Mittagsstunden mit Leitungswasser aus dem Gartenschlauch. Dieser Kälteschock tötet viele, aber leider nicht alle Spinnmilben ab.

Schadbild der Bohnenspinnmilbe

Spätsommer

Reife der Vogelbeeren (Eberesche)

Blüte der Bienenweide

Reife der Frühäpfel

nenblume

Blüte des Buschklees

Blüte der Taglilie

Spätsommer

Die sechste phänologische Jahreszeit ist geprägt durch ein Farbenmeer der Sommerblumen und Stauden. Sie dauert meist von Anfang bis Ende August. Gleichzeitig kommt trotz sommerlicher Temperaturen eine Vorahnung auf den kommenden Herbst auf. Die Tage werden kürzer, zwischen Anfang und Ende des Spätsommers um 1 bis 2,5 Stunden gegenüber der Tageslänge im Hochsommer. An manchen Tagen kann man frühmorgens schon erste Nebelfelder in Talniederungen sehen. Auf den Getreidefeldern ist die Ernte abgeschlossen und auf den Dauerwiesen wird zum zweiten Schnitt, dem Grummet, geschritten.

Apfel ‚James Grieve'

Viele früh abgeerntete Felder sind bereits umgeackert und mit einer Nachkultur neu besät worden. Zur Bodenverbesserung wurde unter anderem Bienenfreund (*Phacelia tanacetifolia*) angebaut. Dieser färbt die Felder im Herbst mit einem intensiven Blau und bietet den Bienen und Schmetterlingen noch eine reiche Futterquelle.
In den Gärten reifen die ersten Sorten Frühäpfel: ‚Klarapfel', ‚Summerred' und ‚James

Phacelia – Bienenweide oder Bienenfreund

Erntereife Vogelbeeren der Eberesche (*Sorbus aucuparia*)

Grieve' laden dazu ein, saftige Früchte direkt vom Baum zu essen. Die Erntereife ist dann erreicht, wenn sich der Apfelstiel durch leichtes Anheben der Frucht vom Ast löst.
Auch Birnen und Zwetschgen beginnen in dieser Zeit zu reifen.
Die rot leuchtenden Beeren der Eberesche (Vogelbeere) sind ein markantes Zeichen des Spätsommers. Ähnlich wie beim Holunder reifen die einzelnen Beeren in der Dolde nicht gleichmäßig, die Erntereife ist erst erreicht, wenn alle Beeren scharlachrot gefärbt sind.
Die gelb leuchtenden Sonnenblumen mit ihren tellergroßen Blütenköpfen leuchten besonders beim feldmäßigen Anbau. Interessant ist, dass die Knospen im Laufe des Tages mit der Sonne mitwandern, sobald sich aber die Blüten öffnen, bleibt alles in Richtung aufgehende Sonne stecken.
Mit der Fülle der Farben, Formen und Größen überschütten uns nun die Dahlien mit ihrem Flor. Jedes Jahr gibt es neue, noch pompösere Blüten in den interessantesten Farben. So wird gegen Endes des Sommers noch einmal die ganze Farbenpracht des Gartens demonstriert.
Im Staudenbeet leuchten jetzt die gelben Blüten der Rudbeckien, Schafgarben (*Achillea*) und die Goldrute (*Solidago*). Eine stachelige Staude ist die Kugeldistel (*Echinops*), ihre stahlblauen Kugelblüten zieren noch einige Zeit den Staudengarten.
Zum Ende des Spätsommers erblühen in den Wiesen Herbst-Krokusse und vor allem die bekannten Herbstzeitlosen. Sie locken

Apfel ‚Summerred‘

Lespedeza thunbergii, Thunbergs Buschklee, hängt im Spätsommer blühend über den *Mauerkronen*.

Taglilie (*Hemerocallis*-Hybride)

mit ihren blattlosen Blüten, ebenso wie die letzten Sommerblumen, Bienen zum Nektarsammeln an.
Es beginnt jetzt aber auch die Zeit, in der die Wespen lästig werden. Auf der Suche nach Süßem bohren sie reifende Früchte an, umschwirren uns, sobald man sich mit Getränken von der Arbeit ausruht und lassen sich in ihrer Hartnäckigkeit kaum vertreiben.

Ziergarten

Keine Düngung mehr

Jetzt im Spätsommer müssen sich die Pflanzen durch Triebabschluss für den kommenden Winter vorbereiten. Deshalb darf nicht mehr gedüngt werden. Die einzige Ausnahme ist der erst im Frühherbst ausgestreute Patentkali-Dünger, er festigt die Pflanzenzellen gegen winterliche Austrocknung und Erfrieren.

Kletterpflanzen auslichten

Stark wuchernde Kletterpflanzen wie die Trompetenblume (*Campsis*) oder der Blauregen (*Wisteria*) werden jetzt ausgelichtet und zurückgeschnitten. Die überlangen neuen Triebe werden um die Hälfte oder gar um 2/3 gekürzt. An den gekürzten Trieben des Blauregens bilden sich schon die Blütenknospen für das nächste Jahr.

Herbst-Krokus und Herbstzeitlose

Die beiden Knollenpflanzen werden zum Ende des Spätsommers in der Wiese oder unter Ziergehölzen in kleinen Gruppen gepflanzt. Sie blühen gegen Ende des Frühherbstes und Anfang des Vollherbstes. Die Knollen werden etwa zweimal so tief gesetzt, wie ihr Durchmesser ist. Erst im kommenden Frühjahr treiben dann die Blätter gemeinsam mit einer Fruchtkapsel aus. Achtung! Die im Frühjahr treibenden breitlanzettlichen Blätter der Herbstzeitlosen sind hoch giftig! Sie sind 25 bis 40 cm lang und erscheinen gemeinsam mit der länglich-eiförmigen Fruchtkapsel. Ein Abschneiden der Blätter vor ihrer

Vergilbung lässt die Knolle im Boden absterben, so dass keine Blüte im nächsten Herbst kommt.

Lilien

Lilien müssen jetzt in die Erde kommen. Ihr Pflanzloch muss mindestens 25 cm tief ausgehoben werden. In lehmigen Böden kommt unter die Lilienzwiebel eine 2 bis 3 cm starke Schicht aus grobem Sand als Drainage für die nässeempfindlichen Zwiebeln. Es muss deshalb so tief gepflanzt werden, damit der Blütenstängel oberhalb der Zwiebel ebenfalls Wurzeln schlagen kann und zur Versorgung von Blüte und Zwiebel beiträgt.

Madonnenlilien (*Lilium candidum*) dürfen im Gegensatz zu allen anderen Lilien nur so tief in die Erde kommen, dass nach der Pflanzung nicht mehr als etwa 3 cm Erde über der Zwiebel sind. Sie treibt noch im Herbst einen Blattschopf aus, die Blüte kommt dann im Hochsommer des nächsten Jahres.

Steppenkerzen (*Eremurus*) sind weithin sichtbare Frühlingsblüher, die je nach Sorte bis zu 2 m hohe Kerzen bilden. Eremurus sollte nur auf sehr durchlässigen Böden gepflanzt werden. Allenfalls wird noch zusätzlich eine Drainageschicht unter dem Wurzelstock eingeschichtet. Für eine kräftige Pflanze sollte ausreichend gut verrotteter Kompost in die Pflanzerde eingemischt bzw. in späterer Zeit als Mulchdecke aufgebreitet werden. Hornspäne als zusätzliche Düngung haben sich sehr bewährt.

Bei der Pflanzung müssen die fingerartigen Wurzeln vorsichtig flach ausgebreitet werden, sie sind sehr brüchig. Der sternförmige Wurzelstock kommt etwa 7 bis 10 cm unter die Erdoberfläche. Der Abstand von Pflanze zu Pflanze sollte etwa 50 cm sein. Bei späteren Pflanzungen in der Nähe der Steppenkerze muss sehr darauf geachtet werden, dass ihre Wurzeln nicht beschädigt werden.

Rhododendren, Azaleen, Hortensien

Sie sind an heißen Tagen besonders durstig und sollten daher ausreichend gegossen werden. Das fördert auch die Blütenbildung für

Herbst-Krokus

das kommende Jahr. Gleichzeitig kann auch schon 20 g Patentkali pro m² gestreut werden, um die Winterhärte der Rhododendren und Hortensien zu verbessern.

Knospensterben bei Rhododendren

Es kann passieren, dass die Blütenknospen des Rhododendrons braun werden und eintrocknen. Später verfärben sie sich schwärzlich und bilden kleine, säulenförmige Pilzfruchtkörper, die aus den Knospenschuppen herausragen. Dabei fallen die abgestorbenen Knospen nicht ab.

Die Erkrankung erfolgt bereits im Sommer, wenn 8 bis 9 mm lange Zikaden, die rote

Rhododendron-Zikade

Leuchtender Sonnenhut, *Rudbeckia fulgida* ‚Goldsturm'

Streifen auf ihren grünen Flügeldecken aufweisen, die Blütenknospen für die Eiablage anbohren. Diese Verletzungen ermöglichen es dem Pilz, in die Knospen einzudringen.
Als Gegenmaßnahme werden alle befallenen Knospen gewissenhaft ausgebrochen und über die Mülltonne entsorgt. Vorbeugend werden die Zikaden durch wiederholte Spritzungen mit einem anerkannten Insektizid bekämpft.
Eine ständige Kontrolle auf einen weiteren Befall ist bis zum Ende des Frühherbstes wichtig.

Staudenbeet

Alle abgeblühten Stauden werden zurückgeschnitten, abgestorbenes Laub herausgeputzt. Darunter sammeln sich vorzugsweise Schnecken.
Noch blühende Stauden werden sorgfältig gestützt und angebunden, überflüssig gewordene Stützstäbe werden entfernt und im Lagerraum aufbewahrt.
Rund um die Stauden wird der Boden gelockert, durch die sommerlichen Regengüsse ist er meist verschlämmt worden. Bei anhaltender Trockenheit sollte ausreichend gewässert werden.

Oleander

Nur wenn der Oleander zu üppig wächst und aus der Form gerät, kann man ihn jetzt noch zurückschneiden. Die Pflanze kann bis Ende der Saison noch genügend Triebe bilden, an deren Enden die verzweigten Blütenstände entstehen. Diese Knospen überstehen den Winter und der Oleander zeigt im Frühjahr bereits die ersten Blüten. Diese beliebte Kübelpflanze sollte immer Wasser im Untersatz haben, aber möglichst nur Leitungswasser.

Giftpflanzen im Garten

Kleine Kinder sind immer sehr neugierig und wollen gerne alles Neue probieren. Damit nichts passieren kann, ist es wichtig, rechtzeitig von allen Sträuchern noch vor der Reife alle Früchte zu entfernen. Häufig in Gärten anzufindende Sträucher mit giftigen Früchten sind Schneeball (*Viburnum*), Goldregen (*Laburnum*), Spindelstrauch/Pfaffenhütchen (*Euonymus*), Seidelbast (*Daphne*), Kirschlorbeer (*Prunus laurocerasus*), Eiben (*Taxus*), Liguster und der erst nach dem Kochen ungiftige Holunder.
Auch unter den Stauden gibt es einige Giftpflanzen mit leuchtenden Früchten. Das Mai-

glöckchen und der Aronstab haben zinnoberrote Beeren, die hochgiftig sind.
Eine der gefährlichsten Stauden im Garten ist der Eisenhut (*Aconitum*). Er ist in allen Pflanzenteilen stark giftig und wirkt bereits in geringen Dosen tödlich!

Ligusterbeeren

Hecken

Im August können Hecken noch einmal in Form gebracht werden. Wenn Thujen, Hainbuche, Liguster oder Rotbuche jetzt geschnitten werden, treiben die Pflanzen bis zum Winter noch einmal kurz aus, behalten jedoch ihre Form bis zum nächsten Frühjahr. Buchsbaum und Nadelgehölze werden jetzt zum letzten Mal geschnitten.

Gefurchter Dickmaulrüssler

Nicht nur Blattläuse und Ameisen ärgern immer wieder den Gartenbesitzer. Auch der bei

Aconitum napellus, der Blaue Eisenhut

Erdbeeren, an Rhododendren, Kirschlorbeer und Rosen vorkommende, schädliche Dickmaulrüssler macht sich bemerkbar. Der Käfer ist selten zu sehen, aber seine Fraßstellen – Buchtenfraß an den Blättern – sind deutlich. Gefährlicher noch ist aber das Larvenstadium: ähnlich den Engerlingen fressen die etwa 12 mm großen Larven an den Wurzeln verschiedenster Nutz- und Zierpflanzen. Erst wenn die Pflanzen kümmern und eingehen, wird der Schaden bemerkt. Die biologische Bekämpfung der Larven ist mithilfe von räuberischen Fadenwürmern möglich. Sie werden in der Gießkanne mit Wasser vermengt ausgebracht und bohren sich selbsttätig in die Dickmaulrüssler-Larven ein. Die Behandlung muss erfolgen, wenn der Boden feucht und über 15 °C warm ist. Gegen Ende des Spätsommers und im September ist die beste Zeit zum Einsatz dieser ansonsten völlig ungefährlichen Nematoden. Sie sind im einschlägigen Fachhandel erhältlich.

Obstgarten

Sommerschnitt bei Apfel und Birne

Mit dem Triebabschluss der Obstbäume ist üblicherweise der Zeitpunkt für den Beginn des klassischen Sommerschnittes gekommen, in der Regel zwischen Mitte und Ende August. Dabei werden sowohl einjährige aufrechte Triebe als auch sich gegenseitig beschattende Triebe im Kroneninneren entfernt, sodass die Früchte besser besonnt werden. Damit erreicht man eine Verbesserung sowohl bei der äußeren Qualität wie der Ausfärbung als auch bei der inneren Qualität, also den Inhaltsstoffen.

Sonnenempfindliche Sorten wie ‚Jonagold' oder ‚Elstar' werden nicht bei übermäßiger Hitze geschnitten. Bei diesen Sorten ist die Gefahr von nachfolgenden Sonnenbrandschäden zu groß. Besser ist es, wenn bedecktes (bewölktes) Wetter abgewartet wird. Die Gefahr besteht vor allem bei Früchten, die im Bauminneren plötzlich dem freien Sonnenlicht ausgesetzt sind. Da ist es besser, wenn nur leichte Schnittmaßnahmen durchgeführt werden. Bei Trockenheit sollte auf Sommerschnitt gänzlich verzichtet werden.

Sonnenbrand-Schaden am Apfel

Walnussbäume

Jetzt ist der beste Zeitpunkt, um an Nussbäumen den Rückschnitt vorzunehmen. Dabei werden schwache, verletzte, dürre und nach innen wachsende Äste entfernt. Nicht zu starke Schnittmaßnahmen setzen, da der Nussbaum sonst im Folgejahr zu kräftig wieder austreibt. Damit die Rinde auf der Astunterseite beim Schnitt nicht einreißt, wird zuerst ein kurzes Stück oberhalb der Astgabel von unten bis zu $^1/_3$ des Astdurchmessers eingeschnitten. Der zweite Schnitt erfolgt von oben, einige Zentimeter weiter außen. Dann erst wird der Stumpf auf Astring abgeschnitten. Wenn immer genau auf Astring geschnitten wird, kann der Baum am leichtesten seine Wunden verheilen lassen. Die Schnittstellen sollten nicht völlig mit Wundverschlussmittel verstrichen werden, sondern nur der dünne Rinden- und Kambiumbereich wird durch einen Anstrich geschützt.

Schädlingsbekämpfung

Gegen kriechende Schädlinge (vor allem den Frostspanner) werden jetzt Leimringe um

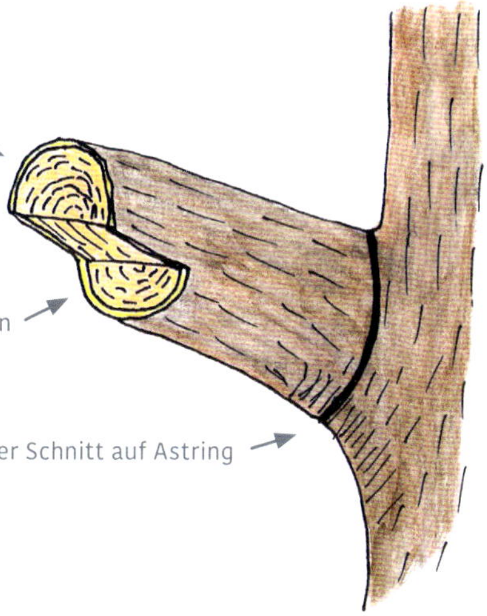

Schnittfolge beim Abtrennen eines Astes

den Stamm angelegt. Bei borkiger Rinde muss darauf geachtet werden, dass der Ring dicht anliegt, damit der Schädling nicht darunter durchkriechen kann.

Johannisbeeren (Ribiseln) und Stachelbeeren

Gleich nach der Ernte können Johannis- und Stachelbeersträucher ausgelichtet werden. Triebe, die älter als drei oder vier Jahre sind, werden bis zum Boden zurückgeschnitten.

Himbeeren

Die Himbeerruten-Krankheit wird durch Abschneiden der abgetragenen Ruten bekämpft. Die Ruten müssen dazu bis knapp über dem Boden entfernt werden. Auch überzählige junge Ruten werden abgeschnitten. Etwa 7 Ruten sollten pro Quadratmeter verbleiben.

Brombeeren

Brombeerruten-Seitentriebe werden auf zwei bis drei Augen eingekürzt. Das fördert die Blütenknospenbildung für das nächste Jahr.

Erdbeeren

Jetzt können neue Erdbeerbeete angelegt werden. Wenn gut bewurzelte Ausläuferpflanzen zur Verfügung stehen, können sie nun auf ein neues Beet verpflanzt werden.
Beim Kauf von Jungpflanzen darauf achten, dass die Töpfe gut durchwurzelt sind. Nur wenn gut bewurzelte Jungpflanzen gesetzt werden, gibt es schon im nächsten Jahr den

Beerenstrauchverjüngung vor (links) und nach dem Schnitt (rechts)

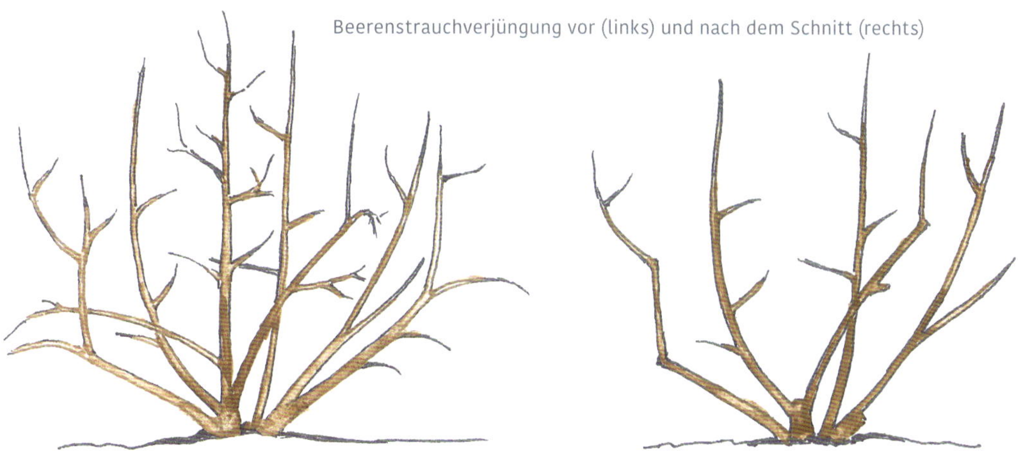

Richtige Pflanzung von Erdbeeren

vollen Erfolg. Die Früchte sind dann besonders groß und reifen früh. Nach einer Erbsenvorkultur gedeihen Erdbeeren besonders gut.

Pflanzabstände: 90 bis 100 cm Reihenabstand, in der Reihe 30 bis 35 cm. Daraus ergibt sich ein Pflanzenbedarf von 30 bis 35 Pflanzen pro 10 m². Großes Augenmerk sollte man auf die richtige Pflanztiefe legen: Der Wurzelhals (Herz) muss etwas über der Erde liegen. Bei Topfpflanzen sollte der Ballen niveaugleich gesetzt werden, damit er nicht austrocknet. Zu tief gesetzte Pflanzen entwickeln sich schlechter und sind krankheitsanfälliger.

Nach der Pflanzung gründlich wässern (pro Pflanze 1 l Wasser), danach regelmäßig und besonders bei Temperaturen über 25 °C gießen, um die Pflanzen zu kühlen (Verdunstungskälte). Dadurch wird der Anwachserfolg größer und die Pflanzen bleiben leistungsfähiger.

Für die Düngung gilt folgende Faustregel: Gerade vor der Pflanzung lassen sich organische Dünger (Kompost) sinnvoll einsetzen. Bei der Düngung mit Mineraldüngern werden 2 kg Volldünger pro 100 m² zur Pflanzung, weitere 2 kg zum Vegetationsbeginn im folgenden Frühjahr und weitere 2 kg pro 100 m² bei Blütebeginn gegeben.

Steinobst

Immer sofort nach der Ernte werden Kirschen, Süßkirschen (Weichseln), Aprikosen (Marillen), Pfirsiche, Nektarinen, Pflaumen und Zwetschgen zurückgeschnitten. Dann können die Schnittstellen gut abheilen. Mit Wundverschlussmittel wird nur der Rand der Schnittstelle verstrichen, nicht die ganze Fläche. Aus Abheilungsgründen soll deshalb bei allen Steinobstarten kein Winterschnitt durchgeführt werden.

Beim Rückschnitt von Aprikosen (Marillen) und Sauerkirschen (Weichseln), aber auch von Pfirsichen und Süßkirschen muss immer auf dürre Zweige geachtet werden. Diese Triebe sind meist von der Triebwelke befallen und müssen bis in frisch-grün beblätterte Zweige zurückgeschnitten werden.

Triebwelke durch Monilia-Befall

Gemüsegarten

Melonen

Sobald die Schale leicht gelblich wird, werden Melonen geerntet. Wird zu früh geerntet, fehlt das Aroma der reifen Früchte. Es ist günstig, sie vor dem Verbrauch noch einige Tage luftig liegen zu lassen.

Tomaten (Paradeiser)

Gegen Ende des Spätsommers werden die Tomaten entspitzt, damit sich die restlichen Früchte noch richtig entwickeln können. Zu beachten ist, dass über dem fünften Fruchtstand noch ein Blatt stehenbleiben muss, um genügend Assimilate zur Fruchtentwicklung zu liefern. Die Seitentriebe müssen immer wieder entfernt werden. Regelmäßiges Bewässern braucht wohl nicht mehr erwähnt zu werden. In diesen Spätsommerwochen benötigen die Tomaten eine gleichmäßige Bodenfeuchte. Sie sollten wegen der Krautfäule-Gefahr nicht über die Blätter, sondern nur im Wurzelbereich gegossen werden. Empfehlenswert ist, einen leeren Blumentopf neben der Pflanze einzugraben und nur den Topf immer mit Wasser zu füllen. So kann man gegen Pilzkrankheiten vorbeugen.
Wenn Tomaten im Gewächshaus trotz optimaler Pflege nicht reifen wollen, kann man reife Bananen in die Pflanzen hängen. Durch das ausströmende Gas Ethylen wird die Reifung der Tomaten beschleunigt.
Gewächshaustomaten wachsen jetzt noch zügig weiter, daher brauchen sie aber auch noch eine kräftige Düngung.

Rhabarber

Bei der Pflanzung von Rhabarber muss darauf geachtet werden, dass ein Auge auf Bodenhöhe bleibt. Ab dem zweiten Jahr nach der Pflanzung kann für die Ernte etwa ein Drittel aller Blattstiele abgerissen, nicht abgeschnitten werden. Um die Wurzelstöcke zu schonen, sollten die ab Mai erscheinenden Blütenstände regelmäßig ausgebrochen werden.

Feldsalat (Vogerlsalat)

Für den Herbstverbrauch gedachter Feldsalat soll im August gesät werden. Am besten bringt man Samen ab Anfang August in 2-wöchigen Abständen aus; auf diese Weise kann bis zum Eintritt stärkerer Fröste geerntet werden. Bis Ende Oktober kann dieser Herbst- und Wintersalat ausgesät werden. Dabei sollten die Samen nicht zu dicht liegen, da die Pflanzen sonst später vereinzelt werden müssen. Praktisch ist es, wenn die Samen zum Ausstreuen mit feinem Sand (z. B. Vogelsand) gemischt werden. Feldsalat ist ein Lichtkeimer, d. h. der Samen darf nur mit ganz wenig feiner Erde bedeckt werden.

Chinakohlfeld

Radieschen

Jetzt können wieder Radieschen angebaut werden. Von der Aussaat bis zur Ernte vergehen nur etwa vier bis fünf Wochen. In der kühleren Zeit werden sie nicht so scharf.

Fenchel

Er bekommt besonders zarte und schneeweiße Knollen, wenn man die Pflanzen zwei Wochen vor der Ernte anhäufelt. Dabei sollten die fleischigen Blattstiele vollständig bedeckt sein, der grüne Teil der Blätter bleibt hingegen frei.

Spinat

Ab Mitte bis Ende August kann Spinat ausgesät werden. Der Samen sollte in einer etwa 3 cm tiefen Saatrille ausgelegt werden. Als Düngung hat sich eine kräftige Kompostgabe besser erwiesen als die Düngung mit Mineraldünger. Wer allerdings keinen Kompost zur Verfügung hat, düngt am besten mit einem Flüssigdünger gleich nach dem Keimen der Sämlinge. Spätere Düngungen erhöhen unnötig den Nitratgehalt der Pflanzen.

Chinakohl

Der Chinakohl ist ein schnell wachsendes Gemüse, für die Herbsternte wird er im Spätsommer gesät. Er braucht wie alle Kohlgewächse gleichmäßige Feuchtigkeit. Im Herbst ist er frostfest bis -5 °C, kann also lange am Gemüsebeet stehenbleiben. Im kalten Keller gelagert, hält er sich dann bis in den Januar.

Petersilie

Dieses wichtige Würzkraut verlangt gute Pflege, damit Ende September / Anfang Oktober ausreichend Erntegut zum Einfrieren vorhanden ist. Neben der Düngung mit einem Volldünger (40 bis 50 g pro m²) ist auch die zusätzliche Bewässerung wichtig. Im Laufe des Monats braucht die Petersilie 60 bis 80 l Wasser pro m². Wichtig ist das ständige Entfernen von gelben oder abgestorbenen Blättern. So kann der Bestand schneller abtrocknen und die Gefahr einer Blattfleckeninfektion ist geringer. Die Pflanzen sind außerdem auf Befall mit Läusen am Wurzelhals zu beobachten. Dagegen kann mit Brennnesseljauche gegossen werden.

Zwiebel

Es ist falsch, wenn das Zwiebellaub vorzeitig umgebrochen wird. Die Schloten müssen von selbst gelb werden und umfallen. Die Ernte setzt erst ein, wenn das Laub völlig abgestorben ist.

Zur Ernte werden die Zwiebeln mit einer Grabegabel herausgehoben und noch einige Tage zum Abtrocknen liegen gelassen. Erst dann werden sie geputzt und in ein kühles und trockenes Lager gebracht.

Frühherbst

Reife der Kornelkirsche
Blüte der Dahlie
Blüte der Herbstzeitlosen
Rotfärbung der Hagebutte
Reife der Birne

Frühherbst

Die siebte Jahreszeit beginnt zwar gemeinsam mit dem meteorologischen Beginn des Herbstes, endet aber schon Mitte bis Ende September. Die Witterung ist zu dieser Zeit meist stabil und in den Bergen bietet sich eine herrliche Fernsicht an.

Es ist die Zeit des „Altweibersommers". Wenn im Morgentau überall die feinen Fäden glitzern, dann haben die Baldachinspinnen für ihre Weiterverbreitung gesorgt.

Das markante Zeichen des phänologischen Frühherbstes ist die Reife von Holunder (Holler) und Kornelkirsche (Dirndl).
Die Hagebutten verfärben sich zu ihrem leuchtenden Rot und in den Wiesen sprießen die ersten Herbstzeitlosen.

Im Staudenbeet blüht der gleich nach der ersten Blüte zurückgeschnittene Rittersporn zum zweiten Mal, auch die Lupinen schieben noch einmal eine Blütenkerze nach.

Colchicum autumnale – die Herbstzeitlose

Ziergarten

Rasenpflege

Im Laufe des Sommers hat der Rasen oftmals stark gelitten. Einerseits durch übermäßige Nutzung, andererseits durch mangelnde Düngung und zu geringe Bewässerung. Durch das häufige Mähen wachsen die Rasengräser rasch nach und holen sich die benötigten Nährstoffe aus dem Boden. Nach einiger Zeit ist nichts mehr vorhanden und die Rasenfläche hungert. Oftmals sichtbar durch Kleewuchs, Hirsewuchs oder durch starke Moosbildung sowohl in der Sonne als auch im Schatten. Zu Beginn des Frühherbstes darf noch einmal mit einem „Herbstdünger" dem Rasen Nahrung bis zum Winterbeginn gegeben werden. Spätere Düngungen schädigen die Graspflanzen im Winter. Ihre Widerstandskraft ist im Winter geschwächt und längere Schneelagen führen zu Fäulnis unter der Schneedecke.

Zur Stärkung des Rasens, damit er den Winter schadlos überstehen kann, wird er im Voll- oder Spätherbst mit 2 bis 3 kg Patentkali pro 100 m² versorgt. Das stärkt nicht nur die Grashalme, sondern reduziert auch ihre Anfälligkeit für Krankheiten und Frostschäden.

24 Teilstriche im Regenmesser sind 24 l Wasser pro m².

Rasenreparatur

Kahlstellen im Rasen sind im Sommer meist sofort mit flach wachsenden Hirsearten oder anderen Unkräutern bewachsen. Hirsen können nur dort aufwachsen, wo der Boden nicht beschattet ist. Die Hirsen sterben zwar über den Winter ab, aber ihre vielen Samen warten auf die Keimmöglichkeit im nächsten Frühsommer.

Eine chemische Bekämpfung mit einem Spezialpräparat tötet zwar die Hirsepflanzen ab. Doch eine Kahlstelle bleibt. Besser ist es, sofort nach der mechanischen Entfernung der Wildgräser neue Grassamen auszusäen. Dazu wird im Fachhandel eine Rasenmischung mit ausläufertreibenden Gräsern gekauft. Denn diese bilden rasch eine dichte Grasnarbe und lassen die Hirsen nicht so leicht aufkommen.

An den Kahlstellen wird die Erde oberflächlich mit einem Grubber oder Eisenrechen gelockert und mit Kompost versorgt. Anschließend kann der Samen ins Erdreich mit einem Rechen gut eingearbeitet, festgetreten oder gewalzt und gut gewässert werden. Dies sollte nur mit einem Regner erfolgen, der mit ca. 10 Liter pro m² den Boden gut anfeuchtet (Regenmesser verwenden). Nicht mit dem Gartenschlauch wässern, das verschlämmt und verkrustet nur die Oberfläche. Eine Bewässerung mit einem Regner dagegen lässt das Wasser langsam in den Boden einsickern. Wenn der Samen angekeimt ist, darf der Boden nicht mehr austrocknen! Deshalb muss, sofern es nicht regnet, täglich mit ca. 5 bis 8 mm beregnet werden, bis die Graspflänzchen mindestens 10 cm hoch sind. Erst dann darf die reparierte Stelle wieder gemäht werden.

Kirschlorbeer (*Prunus laurocerasus*)

Neupflanzung

Nadelgehölze und immergrüne Sträucher mit Wurzelballen oder in Containern müssen jetzt gepflanzt werden, damit sie noch vor dem Winter gut einwurzeln können. Vor der Pflanzung in einem Behälter so lange wässern, bis keine Luftblasen mehr aufsteigen. Die Pflanzerde gut mit Kompost durchmischen und nach der Pflanzung das Gehölz kräftig eingießen.

Lupinen-Hybriden

Steht kein gut verrotteter Kompost zur Verfügung, kann die Pflanzerde auch mit einer billigen Blumenerde aus dem Gartencenter verbessert werden.

Sträucher und Stauden

Besonders die immergrünen Stauden und Gehölze dürfen nicht mehr gedüngt werden. Erst im Vollherbst erhalten sie, genauso wie der Rasen, ihre Winterdüngung mit Patentkali (2 bis 3 kg pro 100 m²). Sie werden dadurch frostfester und überstehen auch Trockenperioden besser. Auf keinen Fall „Herbstdünger" ausbringen, sein Stickstoffgehalt kann die Pflanzen nochmals zu einem unnötigen Austreiben anregen.

Rosenpflege

Wenn das Rosenbeet nicht gemulcht wurde, dann sollte der Boden nach jedem Regen gelockert und dabei gleich jeglicher Unkrautwuchs entfernt werden.
Von den Buschrosen und den öfter blühenden Strauchrosen werden die verwelkten Blüten weggeschnitten.
Bei veredelten Rosen treiben die Unterlagen oftmals durch. Diese Schösslinge müssen freigelegt und an der Basis abgetrennt werden. Wird nur abgeschnitten, treiben diese

Schnecken

Unter abgefallenem Laub und Mulch finden sich nun im Frühherbst unter Brettern, Holzstapeln und dergleichen Schneckengelege mit bis zu 200 kleinen weißen Kugeln. Wenn man im Zuge der Gartenarbeiten die Gelege der ungeliebten Plagegeister entfernt, kann die Anzahl der gefräßigen Schnecken für das kommende Jahr etwas reduziert werden. Einfach die Gelege ans Licht bringen, sie vertrocknen in der Sonne oder werden von Vögeln und Nutzschnecken gefressen.

Der Wildtrieb muss an der freigelegten Basis abgetrennt werden.

Unterlagstriebe immer wieder verstärkt durch.

Baumsicherung

Vor den zu erwartenden Herbst- und Winterstürmen muss die Standfestigkeit der jungen Bäume überprüft werden. Um eine Umsturzgefahr zu vermeiden, werden bereits gelockerte Baumstützen im Boden wieder fest verankert. Auch müssen lockere Schnüre wieder festgebunden und irrtümlich noch nicht entfernte Drahtbefestigungen gelöst und entsorgt werden.

Gartenteich

Bevor die ersten Blätter fallen, wird der Gartenteich mit einem feinmaschigen Netz vor herabfallendem Laub geschützt. Es verfault im Wasser und entzieht ihm Sauerstoff, was sich schädlich auf die im Teich lebenden Tiere auswirken kann.
Überzählige Wasserpflanzen werden aus dem Gartenteich herausgeholt. Dabei sollten die ausgerissenen Pflanzen für kurze Zeit am Teichrand liegen gelassen werden. So können Kleintiere den Weg zurück ins Wasser finden.

Chionodoxa luciliae – Schneestolz/Sternhyazinthe

Frühjahrsblühende Zwiebelpflanzen

Nachdem die Lilien und Kaiserkronen schon im Spätsommer gepflanzt wurden, kommen jetzt alle anderen Zwiebel- und Knollenpflanzen für die Frühjahrsblüte in die Erde.
Schneeglöckchen (*Galanthus*), Frühlingsknotenblume/Märzenbecher (*Leucojum*) und Winterling (*Eranthis*) sind die ersten Frühlingsboten und sollten sich schon jetzt durch Bewurzelung auf den Winter vorbereiten. Diese wie auch Narzissen (*Narcissus*) werden immer in Gruppen gepflanzt. Auch Tulpen (Tulipa), Hyazinthen (*Hyazinthus*), Iris (*Iris*), Windröschen (*Anemone*), Schneestolz (*Chionodoxa*) und Blaustern (*Scilla*) können jetzt gepflanzt werden. Je früher sie in die Erde kommen, desto besser können sie einwurzeln und damit auch strenge Winter überstehen. Dabei gilt als Faustregel: dreimal so tief setzen, wie sie selbst dick sind.

Kaiserkronen

Zu den prächtigsten frühjahrsblühenden Zwiebelgewächsen gehört die Kaiserkrone (*Fritillaria imperialis*). Aus der oft bis zu faustgroßen Zwiebel entwickelt sich im Frühjahr zunächst ein Blattschopf und dann ein fleischiger, gut 70 cm hoher Schaft, der am oberen Ende einen Kranz attraktiver, großer Blüten trägt. Die meist 6 bis 8 Blüten werden von einem strahlig abstehenden Blätterkranz gekrönt.
Die Pflanzen lieben einen sonnigen bis allerhöchstens halbschattigen Standort und einen kräftigen, nahrhaften, durchlässigen Gartenboden. Am besten pflanzt man sie in Gruppen von 5 bis 8 Zwiebeln im Abstand von 15 bis 20 cm. Die Zwiebeln sollten mindestens 20 cm tief im Boden liegen. So wie bei den Lilien sollte unter die Zwiebeln eine Drainageschicht aus Sand kommen.
In der Mitte der Kaiserkronenzwiebel befindet sich fast immer ein Loch. Daraus ist im letzten Frühling der Blütenstängel hervorgewachsen. Damit sich in dieser Höhlung kein Wasser sammeln kann und die Zwiebel zum Faulen bringt, wird sie schräg oder um 90° verdreht gelegt.
Vor dem Pflanzen kann der Boden mit verrottetem Kompost verbessert werden. Ende des Vollherbstes ist der späteste Pflanztermin. Späteres Pflanzen kann – genauso wie das Austrocknen der Zwiebeln – zu Bewurze-

Kaiserkrone (*Fritillaria imperialis*) ‚Lutea'

Kaiserkrone (*Fritillaria imperialis*) ‚rubra maxima'

Kaiserkronenzwiebel

lungs- und Austriebsstörungen führen. Vorsicht: Igel wälzen sich gerne in den Austrieben, um ihre Flöhe loszuwerden! (→ S. 37)

Zierlauch-Arten

Diese Arten sollten ebenfalls jetzt schon gesetzt werden. Sie lieben leichten, durchlässigen Boden an vollsonnigen Stellen des Staudengartens. Es werden vom Zierlauch unterschiedlichste Arten angeboten, vom niedrigen Goldlauch oder Blauzungenlauch, bis zu hochwachsenden Arten wie *Allium aflatunense* und ganz hoch wie *Allium giganteum*. Zierlaucharten blühen eher erst im Vollfrühling oder manchmal im Frühsommer, vermitteln aber mit ihrer Blütezeit gekonnt zwischen Frühjahr und Sommeranfang.

Blumenzwiebeln zum Verwildern

Einige Zwiebel- und Knollenpflanzen eignen sich gut zum Verwildern und säen sich an günstigen Standorten selbst aus. Dazu gehören u. a. Krokus (*Crocus*), Schneeglöckchen (*Galanthus*), Blausternchen (*Scilla*), Frühlingsknotenblume/Märzenbecher (*Leucojum vernum*), Winterling (*Eranthis*) und Porzellanblümchen (*Puschkinia*). Damit sie dort auch nach der Blüte bis zur Samenreife ungestört stehenbleiben können, eignen sich Plätze unter Bäumen und Sträuchern besonders gut. Traubenhyazinthen (*Muscari*) und *Scilla* bringen Farbe in den Frühlingsgarten. Man pflanzt sie am besten von September bis Oktober in kleinen Gruppen als Nachbarpflanzen zu anderen Frühlingsblühern. Die anspruchslosen Pflanzen vermehren sich

Abtrennen der Jungtriebe vom alten Schwertlilienstock

durch Brutzwiebeln, sodass immer größere Flächen entstehen.

Blumenzwiebeln im Rasen

Die oben genannten Frühjahrsblüher können auch im Rasen gepflanzt werden. Vorher ist aber zu bedenken, dass erst dann erstmalig gemäht werden darf, wenn alle Blätter der Zwiebelpflanzen gelb geworden sind. Bei Schneeglöckchen, Frühlingsknotenblume, Krokus und den anderen Erstblühern geht das schnell. Alle anderen (besonders Narzissen) brauchen dazu sehr lange Zeit. Bis dahin ist der Rasen schon eine hoch gewachsene Wiese.

Bei einer Rasenpflanzung empfiehlt sich, alle gewählten Zwiebelchen gemeinsam breitwürfig auszustreuen und an Ort und Stelle einzusetzen. Dann sieht es bei der Blüte sehr natürlich aus.

Schwertlilien

Überalterte Schwertlilien werden sehr blühfaul, darum sollten sie geteilt und neu ausgepflanzt werden. Dazu die Wurzel mit einer Grabegabel aus dem Boden heben

Pflanzung von Schwertlilien: links: richtig, mitte: zu tief, rechts: zu hoch.

und die jüngeren Teile an der Außenseite freilegen. Diese mit einem scharfen Messer abschneiden, ihre Blätter kürzen und die dicken Speicherorgane wiedereinsetzen. Die Stolonen (Speicherorgane) dürfen nur einige Zentimeter unter der Erdoberfläche gepflanzt werden.

Pfingstrosen

Die beste Pflanzzeit der Pfingstrosen ist im Frühherbst. Alte Stöcke können geteilt und umgesetzt werden. Dabei dürfen die Augen höchstens zwei Zentimeter mit Erde bedeckt sein. Meist dauert es nach einer Verpflanzung ein bis zwei Jahre, bis sie wieder prächtig blühen.

Singvögel

Für Vogelliebhaber ist jetzt die beste Zeit, einen Futtervorrat für ihre gefiederten Freunde anzulegen. Gesammelte Sonnenblumenkerne, Früchte von Holunder (Holler), Weißdorn und Eberesche sowie Distelsamen sind eine geeignete Füllung für das Vogelhaus, wenn der Boden hart gefroren oder mit einer dichten Schneedecke überzogen ist.
Vogelnistkästen sollten nun mit heißem Wasser oder Seifenlösung geschrubbt werden, um Schmarotzer wie Milben und Flöhe zu entfernen. Gereinigte Nistkästen werden im Garten wieder angebracht. Nicht nur Vögel, auch Siebenschläfer oder Haselmäuse suchen in kalten Wintermonaten Unterschlupf in den regen- und windgeschützten Behausungen.

Insektenhotel

Ein sogenanntes Insektenhotel oder auch nur ein gelochter Ziegelstein bietet Unterschlupf für die verschiedensten Insekten und sorgt so für den Erhalt des ökologischen Gleichgewichts.

Winterquartier für Gartennützlinge

Ein Unterschlupf für Gartenkleinbewohner, gestaltet als ein Haufen aus Steinen, mit ein paar Ästen und Laub dazwischen, dient allerlei Käferarten und Igeln zum Überwintern. Auch Blindschleichen, Kröten und Frösche, die als Schneckenvertilger gelten, nutzen diese Behausungen als willkommenen Unterschlupf.

Ringelblumen und Co.

Einjährige Sommerblüher wie beispielsweise Kornblume, Klatschmohn oder Ringelblume

Ringelblume – die Blütenblätter können für Heilsalben verarbeitet werden.

können bereits im Herbst ausgesät werden. Dadurch blühen sie früher als die Frühjahrssaaten. Die Samen werden vorsichtig mit dem Rechen in die Erdoberfläche eingearbeitet, leicht angedrückt und ab November mit einer Laubschicht geschützt.

Obstgarten

Erntetermin

Die optimale Pflückreife der Äpfel hängt von der geplanten Lagerdauer ab. Grundsätzlich gilt, je länger gelagert werden soll, desto früher muss geerntet werden. Trotzdem sollte nicht vor der Baumreife geerntet werden. Erst wenn sich die Frucht beim Kippen über den Stiel leicht ablöst, ist die Pflückreife erreicht. Da auch Geschmack- und Inhaltsstoffe mit fortschreitender Reife zunehmen, können Äpfel, die nur kurz gelagert werden oder für den sofortigen Verzehr gedacht sind, ohne weiteres länger am Baum bleiben. Die Grenze ist allerdings erreicht, sobald die Früchte überreif werden. Das erkennt man daran, dass die Früchte weich zu werden beginnen. Dann hilft nur mehr sofortiges Verarbeiten des Obstes.
Birnen werden ebenfalls vor der Genussreife geerntet. Wenn sie dann am Lager nachreifen, entwickeln sie ihr volles Aroma.

Apfel ‚Gala‘

Zwetschge ‚Cacaks Schöne‘

Zwetschgenernte

Bei Zwetschgen und Pflaumen müssen die ersten Früchte von allein vom Baum fallen, dann wird mit der Ernte begonnen. Um die schöne Bereifung der Früchte zu erhalten, werden sie vorsichtig Stück für Stück geerntet. Beim Transport sollten die Früchte ruhig liegen und nicht geschüttelt werden.

Holunder (Holler)

Wildholunder ist meist schon von Vögeln abgeerntet, bevor die ganze Dolde reif ist. Nur die Sorte ‚Haschberg' rühren sie interessanterweise nicht an. Erst wenn alle Beeren der Dolde gleichmäßig schwarz sind, wird geerntet und rasch zu Säften oder Marmeladen weiterverarbeitet.

Erntedurchführung

Sauber und trocken ernten

Um eine optimale Lagerfähigkeit sicherzustellen, sollten keine Verunreinigungen mit

Holunder ‚Haschberg'

ins Lager kommen. Bei regennassen Früchten ist der Schutz der Schale geschwächt, sodass die Äpfel und Birnen am Lager leichter faulen können.

Birne ‚Williams Christ'

Schonend ernten

Angestoßene Früchte sind entwertet und faulen im Lager rasch, wenn sie Druckstellen aufweisen. Auf schonendes Ernten sollte daher unbedingt geachtet werden. Die Früchte z. B. nicht in die Behälter fallen lassen.

Rasches Kühlen

Besonders während der Ernte der Frühsorten können oft noch sommerliche Temperaturen herrschen. Da der Abbauprozess temperaturabhängig ist, müssen die Früchte rasch gekühlt werden.

Mehrmaliges Ernten

Die Reife der einzelnen Früchte innerhalb der Baumkrone ist unterschiedlich. Ein mehrmaliges Durchpflücken ist daher unbedingt erforderlich, um gleichmäßige Qualitäten zu erreichen. Nach jeder Entlastung des Baumes wachsen die verbleibenden Früchte besser nach.

Mit der Leiter nur zu zweit

Obstbäume sind nach ein paar Jahren oft so hoch, dass man bei der Ernte nicht mehr so einfach an alle Früchte herankommt. Auch mit Hilfsmittel wie Pflückstangen kann man manchmal nicht alle Früchte erreichen. Dann hilft meist nur noch eine Leiter. Sind also bei der Obsternte Leitern im Spiel, weil die Bäume so hoch sind, sollte nur zu zweit gearbeitet werden. Eine Person sichert dabei die Leiter, die zweite arbeitet im Baum und pflückt. Stürze von Leitern gehören im Garten wie im Haushalt zu den häufigsten Unfallursachen. Ist man zu zweit, lassen sich viele Gefahren ausschließen.

Kornelkirsche (Dirndl)

Jetzt können die fast dunkelroten Kornelkirschen geerntet werden. Im fast überreifen Zustand sind die Früchte des Wildobstes süßer und weicher, zudem lassen sie sich einfacher pflücken. Auch die Steine lösen sich besser vom Fruchtfleisch.

Leimringe und Wellpappe

Jetzt ist es dringend notwendig, dass an den Obstbäumen Leimringe angebracht werden. Sie unterbinden das Aufwandern des Frostspannerweibchens zur Eiablage. Der Leimring muss dicht anliegen, damit das flugunfähige Weibchen nicht durch Rindenrisse den Ring unterwandern kann. Der Leimring kann im Dezember wieder abgenommen werden. Auch hat sich das Anlegen eines Wellpappestreifens rund um den Stamm bewährt, damit die vom Baum zur Verpuppung in den Boden abwandernden schädlichen Raupen sich dort einnisten. Nach der Obsternte wird der Streifen abgenommen und vernichtet.

Kornelkirsche, auch Dirndl genannt

Leimring

Beerensträucherschnitt

Von Brombeeren schneidet man kurz nach dem Ende der Ernte abgetragene Triebe ab und belässt der Pflanze etwa sechs Jungtriebe. Bei den Johannisbeeren werden jetzt alte Triebe herausgeschnitten. Alle Zweige, die älter als drei Jahre sind, werden bis zum Boden zurückgeschnitten. Abgetragene Himbeerruten werden bis einige Millimeter über dem Boden abgeschnitten.

Unkraut unter Obstbäumen und Beerensträuchern

Die mittlerweile halbverrottete Mulchschicht unter Beerensträuchern und auf Baumscheiben sollte jetzt ergänzt bzw. erneuert werden. Zuvor werden noch einmal rund um den Stamm der Obstbäume unerwünschte Gräser und Kräuter entfernt. Wenn anschließend die Baumscheiben mit Rindenmulch abgedeckt werden, bleibt die Scheibe bis zum nächsten Frühjahr unkrautfrei.

Fallobst und Obstmumien

Fallobst ist oftmals von Maden befallen und sollte täglich aufgesammelt werden. Dadurch wird verhindert, dass Obstschädlinge in den Boden abwandern und nächstes Jahr für einen Neubefall sorgen.
Die eingeschrumpelten Obstmumien werden schon jetzt vom Baum gepflückt und über die Biotonne entsorgt. Sie sind Infektionsquellen für das nächste Jahr und müssen daher beseitigt werden.

Gemüsegarten

Rhabarber

Die fleischigen Wurzeln von Rhabarber brauchen lange, bis sie nach der Pflanzung gut anwachsen. Darum pflanzt man Rhabarber zeitig schon gegen Ende September, spätestens Anfang Oktober.
Taugliche Setzlinge wiegen etwa ein Kilogramm und haben mindestens eine kräftige Knospe. Rhabarber braucht einen nicht zu lehmigen aber nährstoffreichen Boden. Bei Pflanzung mehrerer Exemplare beträgt der Pflanzabstand einen Meter.

Feldsalat (Vogerlsalat)

Sobald seine Aussaaten aufgegangen sind, muss regelmäßig das auflaufende Unkraut entfernt werden. Zwischen den kleinen Pflänzchen sind die Wildkräuter oft nur schwer zu entfernen. Manche können zwar mit dem Feldsalat mitgegessen werden, jedoch gibt das oftmals keinen optimalen Anblick in der Salatschüssel.

Rhabarber

Endivie ‚Seychel'

Endivien

Sie benötigen während ihrer Wachstumsphase reichlich Wasser. Nach der Bewässerung wird die Erde um die Köpfe regelmäßig gelockert.
Durch Bleichen entwickelt die Endivie weniger Bitterstoffe. Dazu wird der Kopf oben zusammengebunden. Bei neuen Sorten entfällt dies, da die Bitterstoffe herausgezüchtet wurden.

Spinat

Spinat für die Winterernte sollte bis Mitte September ausgesät werden. Um die Pflanzen auch im Winter gut zu schützen, wird ein kleiner Tunnel aus Gartenvlies über den Pflanzen errichtet. Dann kann auch bei Schneelage geerntet werden. Nach der Ernte können die bis in eine Tiefe von 140 cm reichenden Wurzeln zur Humusbildung im Boden bleiben.

Rosenkohl (Sprossenkohl)

Wenn Sprossenkohl bis jetzt keine Röschen ansetzt, kann durch Abbrechen der Triebspitze das Wachstum angeregt werden. Das Anhäufeln des Stängels hilft den Pflanzen, zusätzliche Wurzeln zu bilden. Auf regelmäßige Bewässerung darf nicht verzichtet werden.

Kartoffeln (Erdäpfel)

Spätestens Ende September werden die letzten Kartoffeln geerntet. Die Knollen werden am besten an einem sonnigen Herbsttag ausgraben und bleiben noch zwei bis drei Stunden auf dem Beet zum Trocknen liegen. Zur Lagerung kommen sie anschließend in einen dunklen, frostfreien Raum, dessen Temperatur zwischen 5 und 10 °C liegt.

Zwiebeln

Sobald das Zwiebellaub umgefallen und braun geworden ist, werden die letzten Zwiebeln geerntet. Unterm Dach lässt man sie einige Tage nachtrocknen. Dann können sie trocken gelagert werden. Zwiebeln, die im Beet verbleiben, treiben bei feuchter Witterung noch einmal aus – sie werden bitter und ungenießbar.

Frühbeet und Gewächshaus

Vor einem Kälteeinbruch sollte das Gewächshaus winterfest gemacht werden. Für eine

bessere Isolation haben sich Noppenfolien sehr bewährt. Sie lassen das Licht fast ungehindert durch und isolieren durch die Luftpolster.
Falls nicht bereits geschehen, ist es Zeit, die Beschattungen zu entfernen und die Glas- oder Kunststoffscheiben zu reinigen.
Im Gewächshaus wird nun sparsamer gegossen, da die Pflanzen bei abnehmendem Licht weniger Wasser benötigen.

Kräutergarten

Um über die Wintermonate Petersilie und Schnittlauch frisch auf der Fensterbank ernten zu können, müssen die Küchenkräuter nun in Blumenerde eingetopft werden.

Leere Gemüsebeete

Abgeerntete Gemüsebeete können nun mit Kompost aufgefrischt werden. Dabei wird der wertvolle Humus verteilt und leicht in die Erde eingearbeitet.

Gehäckseltes Material verrottet wesentlich schneller.

Kompostierung

Der Kompostsilo oder -haufen ist keine Müllabladestelle. Es kann schon vorkommen, dass besonders im Herbst größere Pflanzenrestmengen anfallen. Alles, was am Kompostplatz eingebracht wird, sollte vorher gehäckselt werden. Zerkleinerte Pflanzenreste verrotten wesentlich schneller, da sie den Bodenlebewesen mehr Angriffsfläche bieten.
Wenn die Anschaffung eines Häckslers nicht möglich ist, genügt es auch das Restematerial mit Gartenschere oder Hackmesser zu zerkleinern. Reste als Großstücke eingebracht brauchen auch mehr Platz, bis sie angerottet sind und zusammensacken. Vor allem verholzte Teile verrotten erst nach einigen Jahren vollständig.
Jeglicher Zugang von kompostierbarem Material sollte schichtweise eingelagert werden. Vor allem weiches Material wie frischer Rasenschnitt muss immer mit groben, trockenen, am besten gehäckselten Resten gemischt werden. Frischer Rasenschnitt sollte überhaupt vorher gut vorgetrocknet werden. Sonst bildet das noch frische Gras sofort einen übelriechenden, oft faulig werdenden Filz am Kompost.

Kompost auf engstem Raum

In kleinen Gärten ist nicht viel Platz für die Anlage eines Komposthaufens – trotzdem muss man nicht auf Humus aus eigener Produktion verzichten. Es gibt platzsparende Systeme in Form von Tonnen, mit denen sich sogar auf dem Balkon Kompost produzieren lässt. Damit kann man auch in kleinen Gärten oder am Rande eines Gemüsebeetes arbeiten.
Teile von kranken Pflanzen sollte man besser nicht auf den Kompost geben. Wenn die Möglichkeit besteht, ist es sicherer, sie über die Bio-Tonne zu entsorgen.

Kompostierbare Stoffe

Grundsätzlich sind alle im Garten oder Haushalt anfallenden Pflanzenreste, Gemüseabfälle, Schalen von Melonen und Südfrüchten, Teebeutel, Kaffeesatz, Eierschalen (zerdrückt), Obstreste, welke Blumensträu-

Kompostsilo für geringen Platzbedarf

ße (ohne Bindedraht), abgestorbene Topfpflanzen, Balkonkisterlerde, Kaninchen- und Hamsterstreu, Heckenschnitt, Staudenrückschnitt, Laub und alles andere Pflanzenmaterial aus dem Garten zum Kompostieren geeignet. Rasenschnitt muss immer mit anderen groben Häckselstücken vermengt werden, um Luft zum Verrotten zuzulassen.
Unkräuter sollten möglichst noch nicht samenreif sein. Da aber manche Unkräuter fast schon als junge Pflanze wieder Samen ansetzen, wird sich dieses Problem nicht umgehen lassen. Wenn der Kompost durch richtige Verrottung Temperaturen von 65 bis 70 °C erreicht, sterben viele Samen ab.

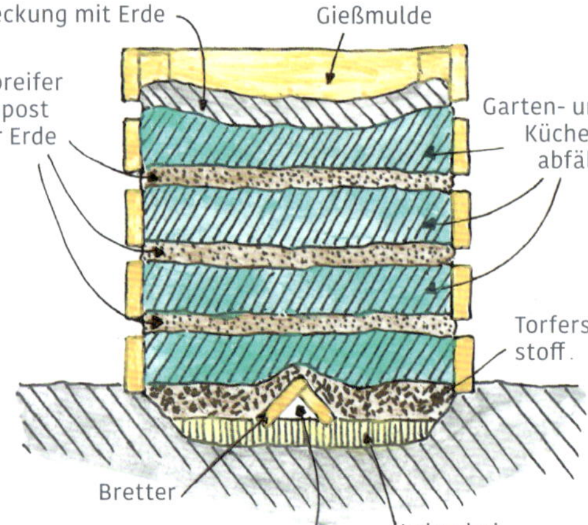

Schichtung eines Kompostsilos

Holzasche von unbehandelten Hölzern kann schichtweise eingestreut werden, größere Mengen sollen aber über die Biotonne entsorgt werden.
Wurzelunkräuter dürfen nicht gleich am Kompost landen, dort würden sie munter weiterwachsen. Die möglichst komplett ausgegrabenen Unkräuter werden erst einige Tage mit ihren Wurzeln in der Sonne liegen gelassen, bis sie völlig ausgetrocknet sind. Erst dann kommen sie auf den Kompost.
Größere Mengen von Nuss- und Eichenblättern müssen gemeinsam mit Düngekalk kompostiert werden. Das Gleiche gilt für Nadeln von allen Nadelgehölzen sowie für größere Mengen Sägespäne.

Was nicht auf den Kompost darf

Einige Abfälle sollten nicht auf dem Kompost entsorgt werden, da sie ihm langfristig schaden und ihn komplett unbrauchbar machen können. Dazu zählen Strünke von Kohlgewachsen, die beulenartige Wucherungen aufweisen. Diese Krankheit bleibt viele Jahre lang im Boden und kann alle anderen Kohlgewächse infizieren. Auch andere kranke Pflanzenteile sollten besser über die Biotonne entsorgt werden, da ihre Sporen immer wieder zu Infektionen führen.
Kleine Mengen von gekochten Nahrungsmitteln können auf den Kompost kommen, müssen aber sofort mit Erde abgedeckt werden. Aber Fisch, Knochen und Fleisch sind absolutes Tabu für den Kompost. Sie locken Ratten und andere unerwünschte Tiere an. Außerdem verbreiten sie beim Zersetzen unangenehme Gerüche. Staubsaugerbeutel und anderer Kehricht werden ebenso wie Windeln, Katzen- oder Hundekot und bedrucktes Papier über den Hausmüll entsorgt. Öle und Fette sind absolutes Gift für die Kompostlebewesen und dürfen ebenso wie Kohleasche, Grillkohle, Desinfektionsmittel und scharfe Reinigungsmittel nicht auf den Kompost. Plastiketiketten von zugekauften Pflanzen, sowie andere Kunststoffe, Glas und Metall aller Art brauchen Jahrzehnte und länger um zu zerfallen – sie kämen als ungebetene Teile in die Gartenerde.

Vollherbst

Reife des Spindelstrauchs (giftig)
Reife der Rosskastanie
Reife der Weintraube
Reife der Äpfel
Verfärbung des Wilden Weins

Vollherbst

Das Pflanzenjahr neigt sich zusammen mit der kürzer werdenden Tageslänge immer mehr dem Ende entgegen. Die Reife der Rosskastanie ist das Merkmal dieser Jahreszeit. Auf den Eichen werden die ersten Eicheln reif. Nun beginnt ein Farbenspektakel der Bäume und Sträucher. Zum letzten Mal werden wir mit allen Schattierungen von goldgelben über tiefroten bis braunen Farben beglückt. Das beruht darauf, dass der grüne Farbstoff der Blätter, das Chlorophyll, nun abstirbt und die anderen, im Blatt vorhandenen Farbstoffe jetzt sichtbar werden.

Holunder in der Herbstverfärbung

Früchte der Eiche

Die giftigen Früchte des Gewöhnlichen Spindelstrauchs/Pfarrerkapperls (*Euonymus europaeus*)

Während im Wald noch die letzten Pilze gefunden werden können, futtern sich die Vögel mit reifenden Beeren Kraft für den Zug in südliche Gefilde an. Eichhörnchen, Mäuse und Eichelhäher legen Wintervorräte an, Insekten verkriechen sich in ihre Winterquartiere.
Der Ahorn beginnt als erster mit dem Loslassen seiner Blätter, Birken und Lärchen lassen noch einmal ein farbliches Leuchten entstehen.

Im Garten verfärben sich die Blätter der Kirschen und mit den Hauszwetschgen ist die Ernte aller Steinobstarten abgeschlossen.
Zur Mitte des Vollherbstes verfärben sich die Blätter der Rosskastanien und der Birken, im Wald beginnt die Blattverfärbung der Buchen und der Lärchen. Die Kirschen lassen ihre Blätter fallen und die Ernte von Spätkartoffeln und Roter Rübe steht an. Auch die Weinlese vielerorts prägt das Bild der achten phänologischen Jahreszeit.

Ziergarten

Frühjahrsblüher

Bevor im Herbst die ersten Nachtfröste den sommerlichen und frühherbstlichen Blütenflor beenden, muss schon an das Wiedererwachen unserer Gartenpflanzen im Frühjahr gedacht werden. Selbst wenn der Winter seine Reize hat, freuen wir uns doch schon auf die Farbenpracht der ersten Frühjahrsblüher.
Der Begriff „Frühjahrsblüher" ist eine weit verbreitete Bezeichnung für Blumen, die im Herbst gepflanzt werden, damit sie uns im darauffolgenden Frühjahr eine traumhafte Farbenpracht bescheren. Dabei wird unterschieden zwischen Blumenzwiebeln und Knollen. Blumenzwiebeln sind genauso aufgebaut wie unsere Küchenzwiebel. Dazu zählen etwa Tulpen, Hyazinthen, Lilien, Schneeglöckchen, Narzissen, Blaustern, Kaiserkrone und Zierlauch. Die zweite Gruppe sind die mit einem kompakten Speicherorgan oder mit verdickten Speicherwurzeln, wie z. B. Krokusse, Anemonen, Ranunkeln, Winterling oder Steppenkerze.

Damentulpe *Tulipa clusiana*

Blumenzwiebeln sind die allerersten unter diesen Farbenbringern. Wenn noch die letzten Schneereste liegen, kommen schon die Schneeglöckchen mit ihren zarten Blüten hervor. Kurz darauf künden dann Frühlingsknotenblume, Krokus und Winterling den bald eintreffenden Frühling an. Wenn auch noch die Witterung Rückschläge mit Kälte und letzten Schneefällen bringt, diese ersten Boten lassen sich davon nicht beeindrucken.
Mit der weiter voranschreitenden Erwärmung der Gartenerde schieben weitere Blumenzwiebel ihre Blüten hervor, vor allem die beliebten Tulpen, Narzissen und Hyazinthen. Erst später bringen dann Zierlauch und Lilien ihre dominanten Blüten zur Abrundung dazu.

Große Zwiebeln bringen kräftige Blüte

Bevor man nun – berauscht von den farbenprächtigen Verpackungen, die verschiedensten Frühjahrsblüher kauft – muss zuvor eine Planung durchgeführt werden. Wenn verschiedene Blumen-Zwiebeln oder -Knollen in einem Beet ausgepflanzt werden sollen, kommen die mit der geringsten Stängelhöhe in den Vordergrund, zum anderen Ende hin werden dann immer größere Blumen gepflanzt.
Die neuen Knollen sollten beim Kauf fest und trocken sein und eine glatte Haut aufweisen. Die Zwiebel sollte sich fest anfühlen. Werden die Zwiebeln nicht sofort nach Kauf gepflanzt, bitte kühl und trocken lagern!
Gibt es von einer Art oder Sorte verschieden große Zwiebeln, so steckt in den größeren mehr Potenzial, daher sind sie oft auch teurer. Größere Zwiebeln einer Art bringen meist auch kräftigere Pflanzen hervor. Sie blühen schöner und besser als kleinere Exemplare ihrer Art.
Dann gilt es zu überlegen:
Ist der vorgesehene Platz ausreichend, passen die Zwiebel und Knollen mit ihrer Blüte und deren Farbe zueinander? Welche Pflanzen sollen ihren Platz dann im Frühjahr nach der Blüte einnehmen? Können sie im Frühjahr nach der Blüte noch unbehelligt stehenbleiben?

Der Gartenboden

Blumenzwiebeln bevorzugen einen lehmig-sandigen Boden mit entsprechendem Humusgehalt. Ein Staudenbeet, ein ehemaliger

Gemüsegarten – alles Böden mit nur einem geringen Lehmgehalt – sind gut geeignet für Blumenzwiebeln. Auch ein höherer Kiesgehalt der Erde mit einem gleichzeitig guten Humusgehalt lassen die Frühjahrsblüher gut wachsen. In stark lehmigen Böden muss eine ausreichende Menge Sand eingearbeitet werden.
Staunässe, wie sie in stark lehmhaltigen Böden vorkommt, kann im Winter bereits den Tod der Zwiebeln bedeuten. In solchen Fällen muss dann beim Einsetzen der Zwiebeln und Knollen eine 2 bis 3 cm starke Sandschicht unter den Zwiebelboden als Drainage kommen.
Die Wasserdurchlässigkeit und damit den raschen Wasserabzug des Bodens kann man auf eine einfache Art testen: Man hebt ein Loch von etwa 30 cm Durchmesser und gleicher Tiefe aus. In dieses Loch werden 15 bis 20 l Wasser gefüllt. Ist das Wasser nach 20 Minuten versickert, dann ist der Boden zur Bepflanzung mit Blumenzwiebeln geeignet. Mit wenigen Ausnahmen, die auf den Pflanzenpackungen vermerkt sind, lieben Zwiebel- und Knollengewächse einen vollsonnigen Standort.

Die Blumenzwiebeln werden gleich nach dem Einsetzen leicht angegossen. Sie wurzeln in feuchter Erde schneller ein. Winterlinge und Anemonen sollten vor dem Einsetzen zwölf Stunden im Wasser eingeweicht werden, das fördert das Anwachsen. Vor dem Pflanzen werden alle unerwünschten Wildpflanzen, vor allem solche, welche sich über Wurzeln verbreiten (z. B. Brennnessel, Quecke, Giersch), aus den Beeten entfernt. Ansonsten rächt sich dies spätestens im nächsten Sommer, wenn sie nur unter größter Mühe im Zaum zu halten sind. Nach dem Ausgraben dürfen die Trieb- und Wurzelreste der Unkräuter nicht gleich auf den Kompost kommen. Dort können sie meist weiterwachsen und verseuchen bei der Kompostausbringung wieder die Beete. Besser ist es, sie in der Sonne auf einem Weg oder Platz total vertrocknen zu lassen und dann erst den vertrockneten Rest zu kompostieren.

Pflanzung im Beet

Vor einer Pflanzung muss der Pflanzbereich gründlich vorbereitet werden. Dazu zählt in erster Linie eine gute Bodenvorbereitung. Wenn Kompost oder der Stallmist völlig zu Erde verrottet ist, kann er mit der gut zu lockernden Erde gleichmäßig vermischt werden. Auch organischer Volldünger – am besten eine Mischung aus Hornspänen und Knochenmehl – kann eingearbeitet werden. Wenn saurer Boden durch Kalk verbessert wird, sollte dies etwa 2 bis 3 Wochen vor der Düngung geschehen, weil der Kalk den Stickstoff sonst sofort freisetzt, bevor ihn die Pflanze nutzen kann.
Dann erfolgt eine gründliche Bodenbearbeitung mit dem Spaten oder der Grabgabel bis in eine Tiefe von 20 bis 30 cm. Ist der Kompost als Humusbringer noch nicht völlig verrottet – man kann das an noch groben Kompostteilen erkennen – müssen die unverrotteten Teile zurück auf den Kompost.

Pflanzabstände und Pflanztiefe

Grundsätzlich sollen die im Frühjahr blühenden Zwiebeln und Knollen immer in Gruppen gepflanzt werden. Einzelnstehende Pflanzen haben keine Wirkung. Dazu wird entweder eine kleine Pflanzgrube ausgehoben und die Zwiebeln dann im richtigen Abstand zueinander gelegt. Oder die Zwiebeln werden auf der Bodenoberfläche gleichmäßig aufgelegt und dann mit Hilfe eines Zwiebelsetzers oder einer Pflanzschaufel gesetzt. Der richtige Pflanzabstand ist zwischen großen Zwiebeln und Knollen etwa 8 cm, zwischen kleineren wird mindestens 2 bis 5 cm Platz gelassen. Dabei muss auch immer auf die richtige Pflanztiefe geachtet werden. Richtig ist der dreifache Durchmesser der Zwiebel oder Knolle. Bei sehr leichten, also sehr sandigen Böden kann es etwas tiefer sein, damit der Blütenstängel dann auch schön gerade steht. Die Zwiebelspitze bzw. die meist schon erkennbare Triebspitze der Knolle muss unbedingt nach oben ausgerichtet sein. Anders ist es bei der Kaiserkrone. Sie hat auf der Zwiebeloberseite eine Einbuchtung, in der sich leicht Wasser sammeln und zu Fäulnis

1 Schneeglöckchen, 2 Krokus, 3 Frühlinggsknotenblume, 4 Anemone, 5 Winterling, 6 Traubenhyazinthe, 7 Wildtulpe, 8 Tulpe, 9 Narzisse, 10 Hyazinthe, 11 Kasierkrone, 12 Lilie

Pflanztiefe der Zwiebeln und Knollen

führen kann. Diese Zwiebeln werden entweder leicht schräg oder um ein Viertel verdreht gepflanzt. Unter den Zwiebeln der Kaiserkronen und der Lilien sollte immer eine etwa 2 bis 3 cm starke Drainageschicht aus grobem Sand gebreitet werden.

Pflanzung im Rasen

Von der vorgesehenen Pflanzfläche wird ein etwa 5 cm dicker Rasenziegel abgehoben und seitlich gelagert. Dann werden die Zwiebeln oder Knollen in die ausgehobene Fläche nach notwendigem Abstand und Pflanztiefe gesetzt. Abschließend wird der vorher abgehobene Rasenziegel wieder aufgelegt und gut angegossen. Sollen die ausgepflanzten Frühlingsblüher auch in weiteren Jahren zur Blüte kommen, darf die Pflanzfläche im Frühjahr und Frühsommer erst nach dem völligen Abtrocknen der Blätter gemäht werden.

Düngung der Frühlingsblüher

Wer auf eine mehrjährige Blüte keinen Wert legt, braucht nichts zu unternehmen. Die Zwiebeln und Knollen haben genügend gespeichert, um im Frühling aus voller Kraft zu blühen. Für eine Wiederholung der Blüten in den folgenden Jahren muss aber auf eine ausreichende Versorgung mit Nährstoffen geachtet werden.

Idealerweise wird ein Mehrnährstoffdünger, wie er im einschlägigen Handel angeboten wird, noch vor dem Erscheinen der neuen Triebspitzen ausgestreut. Die Menge des Düngers richtet sich nach den Angaben auf den Packungen. Meist sind es 30 bis 50 g pro m². Mit den Niederschlägen löst sich der Dünger und kommt zu den Wurzeln der Zwiebel und Knollen. Werden die Düngerkörner erst nach dem Austrieb aus dem Boden gestreut, können sich die Körner zwischen den Blättern verfangen und hässliche Verbrennungen verursachen. Sobald sich die ersten Blätter entfaltet haben, kann mit Flüssigdünger die notwendige Nährstofflieferung durchgeführt werden. Eine einmalige Düngergabe ist in fast allen Fällen ausreichend.

Blumenzwiebeln mit hohem Nährstoffbedarf wie Tulpen, Narzissen, Hyazinthen, Kaiserkronen und Lilien bekommen, sobald ihre Triebe etwa 10 cm hoch sind, bis zum Blütenbeginn eine regelmäßige Düngung in flüssiger Form. So bleiben sie auch über Jahre hinweg am selben Standort blühfähig. Nach der Blüte darf keine Düngung mehr erfolgen, damit die Zwiebeln für die sommerliche Ruhepause ausreifen können.

Nach der Blüte

Sobald die Blüten vertrocknet oder die Blütenblätter abgefallen sind, wird der gesamte Blütenrest entfernt. Alle Laub-Blätter müssen allerdings erhalten bleiben, denn sie liefern den Zwiebeln oder Knollen die Reserven für eine nächstjährige Blüte. Würden die Blütenreste erhalten bleiben, wird es in den meisten Fällen zu einer Samenbildung kommen. Die geht allerdings zu Lasten des unterirdischen Speicherorgans und mindert die Blüte im nächsten Jahr.
Die langsam vergilbenden Reste des Frühjahrsschmuckes sehen im Blumenbeet nicht sehr zierend aus. Durch eine Zwischenpflanzung von Sommerblumen kann dies bis zu einem gewissen Ausmaß kaschiert werden. Wenn die Frühjahrsblüher zwischen mittelhohe oder hohe Stauden gepflanzt wurden, verdecken diese mit ihrem zunehmenden Wachstum das eintrocknende Laub.
Werden die Zwiebeln bzw. Knollen gleich im Herbst in Gitterkörbe gepflanzt, kann man die Körbchen nach der Blüte vorsichtig herausheben und die Pflanzen an einer halbschattigen Stelle bis zum totalen Einziehen belassen. Da die Körbchen aber rasch austrocknen, darf auf ein regelmäßiges Gießen nicht vergessen werden!
Sind die Zwiebeln in den Rasen gepflanzt worden, darf der Rasen erst nach dem totalen Abtrocknen aller Frühjahrsblüher gemäht werden. Daher ist auf einer Spiel- und Liegewiese die Pflanzung von Frühlingsblühern möglichst zu vermeiden.
Völlig abgeschlossen ist der Prozess, wenn man die Blätter mühelos abrupfen kann. Die Zwiebel hat dann nämlich den oberirdischen Teil auf natürliche Weise von selbst abgestoßen.

Die schönsten Arten

Unser heimisches **Schneeglöckchen** (*Galanthus nivalis)* liebt lockeres, humoses Erdreich, das während der Entwicklungs- und Blütezeit etwas feucht sein sollte. Während der Blüte verträgt es Sonne, nachher soll es durch andere Pflanzen leicht beschattet werden. Schneeglöckchen nicht mit Kompost abdecken oder düngen, sonst gibt es lange Blätter mit wenigen Blüten. Die Samenkapseln sollten nach der Blüte nicht entfernt werden. Nach der Reife der Samen werden sie wegen eines süßen Anhängsels gern von Ameisen verschleppt, sodass weitere Schneeglöckchen an anderen Stellen wachsen können.

Schneeglöckchen sind manchmal die ersten Schneebrecher.

Frühlingsknotenblumen, oftmals auch Märzenbecher genannt.

Der Winterling öffnet bei Sonnenschein seine leuchtend gelben Blüten.

Wenn die ersten Schneeglöckchen verblühen, sind schon die **Frühlingsknotenblumen/Märzenbecher** (*Leucojum aestivum*) zur Stelle. Auch sie lieben Sonne zur Blütezeit und verstecken sich dann gern unter Sträuchern oder anderen Schatten bringenden Pflanzen.
Auch sie vertragen nur mäßige Düngung zur Blütezeit und haben es im Sommer gerne eher trocken.
Im Laufe der Jahre bilden sie richtige Zwiebelhorste mit massenhaften Blüten.

Winterlinge (*Eranthis*) wollen einen halbschattigen Standort. Die Knollen werden vor dem Pflanzen über Nacht zum Quellen in Wasser gelegt. Nach der Blüte sollten die Samenstände ebenfalls bis zur Reife nicht entfernt werden, damit sich der Winterling gleichmäßig verbreiten kann.

Krokusse erzielen die ersten bunten Flecken im Garten. Deshalb ist es wichtig, Krokusse immer in Gruppen entweder nach Einzelfarben oder in einer bunten Mischung zu pflanzen.

Krokusse gibt es in vielen leuchtenden Farben.

Tulipa fosteriana-Hybride

Weil unsere Sommer oft zu nass sind, können die Zwiebeln der sehr empfindlichen Kultursorten der **Garten-Tulpen** nach dem Laubeinzug ausgegraben werden. Sie werden an einem trockenen Platz nachgetrocknet, von anhaftender Erde und abgestorbenen Schalen gesäubert und luftig sowie trocken gelagert.

Wild-Tulpen wollen ungestört an ihrem Platz verbleiben und vermehren sich dort über Brutzwiebeln und Samen.

Hyazinthen sind mit ihren dicht mit kleinen Blüten besetzten Stängeln fast ein kleines Kunstwerk. Der Duft einer Hyazinthengruppe zieht sowohl Gartenbesucher als auch Insekten an. Sie brauchen einen sandigen, aber humusreichen Boden, um auch in den Folgejahren eine schöne Blüte

Rembrandt-Tulpen

Hyazinthen-Hybriden

hervorzubringen. Wichtig ist, dass sie schon vor der Blüte und auch danach ausreichend gedüngt werden.

Traubenhyazinthen (*Muscari*) sind völlig anspruchslos und lieben Licht und Wärme. Der Boden sollte nicht zu schwer sein. Deshalb wird die Pflanzstelle gegebenenfalls mit Sand aufgelockert. Muscari sind sehr gut zur Verwilderung geeignet und säen sich sehr leicht aus. Sie sind ideal zur Kennzeichnung von Lilien-Pflanzstellen geeignet. Oftmals treiben sie schon im Herbst Blattspitzen heraus, die den Winter aber unbeschadet überstehen.

Traubenhyazinthe (*Muscari botryoides*)

Das **Blausternchen** (*Scilla siberica*) liebt halbschattige, mäßig feuchte Lagen Die kräftig blauen Blüten haben einen Durchmesser von etwa 2 cm. Die Blüten bilden sich meist in kleinen 3er Gruppen an der Spitze der 10 bis 12 cm langen Stängel. Die Pflanze vermehrt sich sehr rasch durch den ausfallenden Samen. Manchmal verwildert diese Zwiebelpflanze und kann dann Massenbestände bilden. Es gibt auch eine weiße Kulturform.

Sibirischer Blaustern (*Scilla siberica*)

Narzissen lieben humusreichen, durchlässigen Boden und sonnige bis halbschattige Standorte. Empfehlenswert ist Gruppenpflanzung, um die Wirkung zu steigern. Das Pflanzloch kann mit gut verrottetem Kompost aufgefüllt werden. Für eine Düngergabe nach der Blüte sind Narzissen dankbar.

Die meisten Narzissen eignen sich gut zum Verwildern, auch auf Wiesen. Sie sollten so gepflanzt werden, dass sie die meiste Zeit des Jahres ausreichend Sonne bekommen. Sie vermehren sich mit der Zeit über Tochterzwiebeln. Verblühte Blütenstiele sollten sofort abgeschnitten, die Blätter aber erst nach dem Verwelken entfernt werden.

Trompeten-Narzissen

Dichter-Narzissen

Steppenkerzen *(Eremurus)* benötigen gut durchlässigen nahrhaften Boden, sonst können die fleischigen Wurzelstöcke, die an Seesterne erinnern, faulen. In lockerer sandiger Erde genügt ein Pflanzloch von 20 cm Tiefe. In schweren Böden empfiehlt es sich, eine Dränageschicht aus Kies darunter zu legen. Die Pflanzgrube sollte so breit sein, dass die gespreizten, spröden Speicherwurzeln nicht anstoßen oder abbrechen können. Abschließend wird die Pflanzstelle mit einer Schicht Kompost abgedeckt.
Sobald sich im Frühjahr der erste Austrieb zeigt, wird kräftig gewässert und möglichst noch einmal Volldünger gegeben. Nach der Blüte im Sommer nicht mehr gießen, die Pflanzen wollen dann möglichst trocken stehen.

Eremurus stenophyllus, die Steppenkerze aus Zentralasien

Fritillaria imperialis, die Kaiserkrone

Kaiserkrone (*Fritillaria imperialis*) lieben einen kräftigen, tiefgründigen und frischen, aber durchlässigen Boden. Die Knollen werden am besten im Spätsommer in ein 25 cm tiefes Sandbett gepflanzt. Die Knolle sollte so schräg gepflanzt werden, dass kein Wasser in das Loch des abgestorbenen vorjährigen Triebes laufen kann. Das Pflanzloch wird mit gutem Kompost abgedeckt und im Frühjahr folgen mehrere Gaben Volldünger. Verblühte Triebe müssen am Stiel verwelken, sonst blüht die Pflanze im nächsten Jahr nicht mehr.
In offenen Gärten empfiehlt es sich, den Austrieb der Kaiserkronen etwa 30 cm hoch einzuzäunen. Aus dem Winterschlaf erwachende Igel wälzen sich gerne im Saft der Kaiserkronen um ihre lästigen Flöhe zu dezimieren. Die Kaiserkronenpflanzen sehen nachher völlig zerfranst aus und blühen nicht.

Die Nachzüchtungen der schon fast ausgestorbenen **Schachblume** *(Fritillaria meleagris)* wachsen an feuchten Stellen im Garten willig. Ihr interessantes Muster, das an ein Schachbrett erinnert, macht die an etwa 30 cm langen Stängeln befindlichen Blüten so interessant. Die Schachblume liebt feuchte, schattige Stellen, die aber im Sommer durchaus trocken sein können.

An sonnigen, aber feuchten Stellen wächst die Blume mit dem Schachbrettmuster.

Forellenlilie/Hundszahn (*Erythronium*) sind halbschatten- bis schattenverträglich und empfehlen sich deshalb besonders als Begleiter für Funkien (*Hosta*) oder unter spät austreibenden Sträuchern. Sie gedeihen am besten in durchlässigen, humosen Lehmböden mit schwach saurer Reaktion, also notfalls Sand und kalkfreien Humus einarbeiten. Die länglichen, an einen Hundezahn erinnernden Zwiebeln trocknen leicht aus und sollten deshalb gleich etwa 8 bis 10 cm tief gepflanzt werden. Im ersten Jahr vorsichtshalber mit einer Laubdecke etwas Winterschutz geben. Während des Wachstums und der Blüte sollten sie eher feucht gehalten werden. Die Forellenlilien breiten sich mit der Zeit durch Brutzwiebeln aus.

Erythronium dens canis, der heimische Hundszahn

Erythronium-Hybride, Pagodenlilie

Die Stängel der größten blühenden Lauchart, dem **Kugellauch/Riesenlauch** (*Allium giganteum*), werden bis zu 1,5 m hoch und bringen im Frühsommer dichte, 10 bis 15 cm große kugelige Blütendolden hervor. Die Blätter dieser Zwiebelpflanze treiben oft schon im Spätherbst teilweise hervor, um dann mit den gigantischen blauen, weißen oder violetten Kugeln zu prunken. Der Kugellauch soll zwischen höher werdenden, spätblühenden Stauden gepflanzt werden, damit seine massigen Blätter ohne optische Störung im Beet einziehen können.

Kalidüngung für die Winterhärte

Wenn im September noch kein Patentkali gestreut wurde, sollte dies in den ersten Tagen des Oktobers nachgeholt werden. Alle Sträucher, Pfirsichbäume, Rosen und vor allem die immergrünen Pflanzen brauchen für eine bessere Winterhärte das Kali zur besseren Frosthärte. 2 bis 3 kg pro 100 m^2 werden gestreut und, wenn trockenes Wetter herrscht, möglichst auch gut eingegossen.

Beeindruckend sind die Blüten des Riesenlauchs.

Großblumige Semi-Kaktus-Dahlie ‚Cycloop‘

Hecken- und Sträucherschnitt

Formierte Hecken können jetzt noch zurückgeschnitten werden. Vor allem starkwüchsige Gehölze wie Feldahorn, Buchen oder Liguster bleiben besser in Form durch einen Rückschnitt.

Bei frühjahrsblühenden Sträuchern werden jetzt nur abgebrochene oder abgestorbene Äste entfernt, der Schnitt erfolgt bei diesen Arten erst nach der Blüte.

Empfindliche Kübelpflanzen

Wenn nachts bereits die Temperaturen sinken, sollten empfindliche Kübelpflanzen an einen geschützten, frostfreien Platz gebracht werden. Schon bei 0 °C erfrieren Engelstrompeten (*Datura*), Dreimasterblumen (*Bougainvillea*), *Citrus*- Arten (Zitronen, Orangen, Kumquat, Mandarinen), Bananen, Zimmer-Hibiskus *(Hibiscus rosa-sinensis)*, Gewürzrinde (*Cassia*), Passionsblume und Dipladenie (*Mandevilla*).

Schmucklilien (*Agapanthus*), Bleiwurz (*Plumbago*), Oleander, Lorbeer, Hanfpalme -2 °C. Bei längeren Frösten müssen aber auch sie rechtzeitig eingeräumt werden.

Alle Kübelpflanzen, die während der Vegetationszeit einen hohen Nährstoffbedarf haben, dürfen jetzt nicht mehr gedüngt werden. So können sich die Pflanzen auf die winterliche Ruhezeit vorbereiten. Sie sollten den ganzen Winter hindurch so hell wie möglich bei 5 bis 10 °C gehalten werden. Besonders Zitronen müssen, damit sie wieder blühen, hell aufgestellt werden. Alle Zitrusgewächse dürfen nur mit abgekochtem oder mit Regenwasser gegossen werden.

Die Wurzelballen aller Kübelpflanzen müssen auch in der kalten Jahreszeit immer leicht feucht gehalten werden. Eine trockene Erd-

Schmucklilie (*Agapanthus africanus*) erfreut den Gärtner.

oberfläche bedeutet noch nicht, dass der Wurzelbereich trocken ist. In Kunststofftöpfen hält sich die Feuchtigkeit besonders lang. Bei einem vorzeitigen Gießen ist es dann meist zu nass und die Wurzeln verfaulen. Daher immer mit dem Finger etwas in die Tiefe graben, um die Feuchtigkeit auch in tieferen Bereichen zu kontrollieren.

Laubfall

Das meist sehr lästige Laub muss jetzt gesammelt, kompostiert oder zum Mulchen verwendet werden. Für Nützlinge wie Igel oder Eidechsen sollte ein Laubhaufen gemischt mit Zweigmaterial als Schlupfwinkel in einer Ecke des Gartens aufgeschichtet werden.
Herbstlaub sollte grundsätzlich im Kreislauf des Gartens belassen werden. Die lockere Blätterdecke unter Stauden und Gehölzen schützt Wurzeln und Triebe bis zum nächsten Frühjahr. Nur von Rasenflächen muss das Laub zusammengerecht werden.
Laub, das zum Kompostieren gedacht ist, wird – um den Umsetzungsprozess zu beschleunigen – mit bereits verrottetem Kompost oder Kompostbeschleuniger vermischt. Trockenes Laub wird befeuchtet, nasses Laub mit grob gehäckselten Pflanzenresten gemischt. Gegen zu intensive Winterniederschläge und übermäßige Feuchtigkeit wird der Kompostplatz mit einer Folie abgedeckt.

Winterharte Kübelpflanzen

Pflanzen, die im Freien überwintern, benötigen einen frostharten Topf. Entfernen Sie die Untersetzer und stellen Sie die Gefäße etwas erhöht auf Styropor oder Holzleisten. Das hilft gegen Staunässe und Bodenfrost. Zusätzlich werden die Töpfe dieser Pflanzen am besten durch Abdecken mit Vlies oder Kokosmatten geschützt. Es muss darauf geachtet werden, dass die Pflanzen den ganzen Winter hindurch im Schatten stehen, also nicht von der Sonne beschienen werden können.

Letzte Blumenzwiebeln legen

Im Vollherbst ist die letzte Chance, um Tulpenzwiebeln und andere Frühjahrsblüher zu pflanzen, damit sie im nächsten Frühjahr Beete, Rabatten aber auch Blumenkästen

Aus Südwesteuropa stammt der Gold-Lauch (*Allium moly*).

Die Samenstände der Fetthenne (*Sedum sieboldii*) sind Futter für Kleinvögel im Winter.

und Pflanzkübel schmücken. Das Farbspektrum der Blüten ist nahezu grenzenlos. Gelbe oder rote Tulpen leuchten im Frühling die schönere Jahreszeit ein. Aber auch alle anderen Farben erfreuen uns nach dem farbarmen Winter.
Blumenzwiebeln aller Art gehören immer gruppenweise zusammengepflanzt, damit sie richtig wirken können. Bei kleinen Gruppierungen immer darauf achten, dass drei, fünf oder sieben Zwiebeln zusammengesetzt werden, erst bei größeren Gruppen muss es sich nicht mehr um eine ungerade Zahl handeln.

Farbe im Halbschatten

Die meisten Zwiebel- und Knollengewächse bevorzugen einen hellen, sonnigen Standort. Allerdings gibt es auch einige Arten, die im Halbschatten gut zurechtkommen und sich daher auch für dunkle Ecken eignen. Dazu zählen Hundszahn (*Erythronium*), Schneeglöckchen, Glockenscilla (*Hyacinthoides*), Winterling (*Eranthis*) und Blaustern (*Scilla*).
Der Hundszahn kommt auch mit Schatten gut zurecht und eignet sich mit Farnen hervorragend zur Belebung dunkler Gartenecken. Vor immergrünen Gehölzen mit dunklen Nadeln oder Blättern leuchten sie besonders intensiv.
Licht ins Dunkel bringen vor allem Zwiebelblumen mit weißen, gelben und orangefarbenen Blüten. Auch Pastelltöne sind passend. Zwiebelblumen mit dunklen Blüten sind nicht geeignet, denn die Farben heben sich vom dunklen Hintergrund zu wenig ab.

Dahlien, Gladiolen und andere Zwiebel-/Knollenpflanzen

Erst nach dem ersten Frost müssen die nicht winterharten Knollen- und Zwiebelpflanzen ausgegraben und eingelagert werden. Bei möglichst trockenem Wetter werden die Knollen und Rhizome vorsichtig aus dem Boden genommen und zum Nachtrocknen geschützt aufgelegt. Anschließend schneidet man die Triebe und Blätter kurz über der Knolle ab. Gesunde Triebreste kommen auf den Kompost. Kranke und schädlingsbefallene Pflanzenteile kommen in die Bio-Tonne, nicht auf den Kompost!
Die gut getrockneten und gesäuberten Knollen (Wurzeln und anhaftende Erde wird vorsichtig entfernt) können in einem trockenen und kühlen Raum überwintern. Nach dem Abtrocknen werden die Mutterknollen

der Gladiolen vorsichtig abgebrochen und ebenfalls kompostiert. Dahlienknollen und Canna-Rhizome werden in trockenem (!) Torfmullersatz oder Sägespänen gelagert, Gladiolen bleiben offen liegen. Die kleinen Brutknöllchen der Gladiolen können ebenfalls aufbewahrt werden, sie brauchen allerdings etwa 3 Jahre Kulturzeit, bis sie zur Blüte kommen.

Ein kalter Hauskeller ist zur Überwinterung geeignet, wenn die Temperatur 5 bis 10 °C nicht übersteigt. Ein Erdkeller ist meistens zu feucht, dort ist die Schimmelgefahr zu groß.

Stauden zurückschneiden

Abgeblühte Stauden werden jetzt etwa handbreit über dem Boden abgeschnitten. Pflanzen mit Früchten können stehenbleiben, die enthaltenen Samen sind häufig wertvolle Winternahrung für unsere Vögel.

Stauden teilen und verpflanzen

Ältere Blütenstauden zeigen in der Mitte oft ein „totes Herz". Dies entsteht durch das radiale Wachstum vieler Stauden. Solche Pflanzen verlangen dann dringend eine Teilung und Verpflanzung.

Viele Stauden lassen an manchen Standorten trotz optimaler Pflegemaßnahmen nach einigen Jahren im Wuchs und in der Blühleistung nach. Laut Ansicht von Staudenexperten hängt dies damit zusammen, dass die Pflanzen Wurzelausscheidungen absondern, die auch das eigene Wachstum nachteilig beeinflussen können. Deshalb sollten alle dicht wachsenden Stauden längstens alle 3 bis 4 Jahre geteilt und verpflanzt werden. Nur Pfingstrosen bleiben immer am gleichen Platz.

Wenn die Staudenteilung und -verpflanzung bis Ende Oktober durchgeführt wird, können die Pflanzen noch gut anwurzeln und treiben im Frühjahr kräftig durch. Nach Ende Oktober ist vielerorts der Boden zu kalt und jegliche Verpflanzung sollte daher auf das Frühjahr verschoben werden.

Pflanzgut soll man immer bei renommierten Firmen kaufen, in Baumschulen und Gartencentern werden qualitativ hochwertige Pflanzen angeboten. Im Versandhandel hingegen kann man mitunter so seine Wunder erleben!

Tulpen und andere Frühjahrsblüher werden jetzt gepflanzt.

Gartenteich winterfest machen

Aus dem Gartenteich sollte regelmäßig herabgefallenes Herbstlaub entfernt werden. Ein über die gesamte Wasseroberfläche gespanntes Laubschutznetz erspart die Arbeit. Im Spätherbst ist es für den Gartenteichbesitzer höchste Zeit, einige Vorkehrungen für den Winter zu treffen. Wasser, Pflanzen und Fische (mit Ausnahme weniger Arten) können im Teich bleiben, wenn die Wassertiefe mindestens 75 cm beträgt. Dann friert der Teich auch bei starken Frösten nie bis zum Grund ein.
Seerosen, die in flacheren Teichzonen stehen, sollten vor dem Frost in eine Wassertiefe von etwa 50 cm abgesenkt werden. Ebenso kann man die Pflanzen in einem großen Bottich im Keller frostfrei überwintern lassen.
Vor der kalten Jahreszeit verlangt der Teich eine gründliche Säuberung. Absterbende oder bereits welke Pflanzenteile werden abgeschnitten und herausgefischt, bevor sie auf den Teichgrund sinken und zu Fäulnis führen. Überreicher Pflanzenwuchs wird dabei auch gleich mit entfernt. Bei diesen Säuberungsarbeiten muss Rücksicht auf die Fische genommen werden, die ihren Kreislauf bereits auf Winter eingestellt haben. Daher ist jetzt auch keine Zufütterung mehr notwendig. Ein zu hoher Fischbestand muss abgefischt werden, da sonst im Winter Sauerstoffmangel im Wasser die Fische schädigt.
Eine Eisschicht ist weniger für die Fische als für die Teichkonstruktion gefährlich. Bei betonierten oder gemauerten Becken verhindern im Wasser schwimmende Matten aus Schaumstoff die Bildung einer geschlossenen Decke. Folienteiche verkraften dagegen auch dicke Eisschichten. Keinesfalls sollte der Teichbesitzer eine Eisdecke mit Gewalt zerstören. Die Tiere werden heftig erschreckt und durch die Schwingungen kann die Fischblase zum Platzen gebracht werden.

Nistkästen aufhängen!

Nistkästen sollten im Herbst aufgehängt werden, da die Vögel in kalten Nächten oft darin schlafen und die Kästen dann im Frühjahr zum Brüten benutzen. Die ideale Aufhängerichtung ist Süd-Ost. Die Aufhängehöhe beträgt für Kleinvogelnisthilfen mindestens 3 m, an belebten Stellen mehr, um Störungen zu vermeiden. Wichtig ist, dass Nisthilfen für verschiedene Vogelarten im Garten verteilt werden. Die Nisthilfen werden mittels Aufhängeleiste oder Drahtbügel mit Alunägeln befestigt oder direkt mit Drahtbügeln um den Ast gehängt. Meisenkästen können auch freischwebend am Ast hängen.
Schon vorhandene Nistkästen werden jetzt gründlich von altem Nistmaterial und Kotresten gesäubert. Katzen- und Mardersicher aufgehängte Futterstellen sichern einen Singvogelbestand für das nächste Jahr.

Nistkästen werden gerne als Winterquartier angenommen.

Schneckenbekämpfung

Um der Vermehrung von Nacktschnecken rechtzeitig vorzubeugen, sollte weiterhin im Herbst die Erde in Beeten mehrfach gelockert werden. Dadurch gelangen die abgelegten Eier an die Erdoberfläche. Unter allem, was dicht am Boden aufliegt, können sich nun Schneckeneier befinden. Werden Bretter oder Platten auf den Boden gelegt, besteht die Möglichkeit, dass unter dem dicht aufliegenden Material Schneckeneier abgelegt werden. Durch das Freilegen vertrocknen die Eier oder werden von Vögeln gefressen.

Obstgarten

Ernte

Nur an trockenen Tagen sollten Äpfel geerntet werden, da ausschließlich trockenes Obst lagertauglich ist. Die Pflückreife des Kernobstes ist daran zu erkennen, dass sich die Früchte bei einer leichten Drehung mit dem Stiel vom Ast lösen lassen. Zur besseren Haltbarkeit können die Früchte auf getrockneten Farnblättern ausgelegt werden.
Reifer Kompost kann auf offenen Wurzelscheiben von Obstbäumen und Beerensträuchern ausgebracht werden. Dabei wird die oberste Erdschicht von Unkraut befreit und gelockert.
Anschließend wird der Kompost oberflächig eingearbeitet.

Pflanzung

Jetzt können – mit Ausnahme empfindlicher Arten wie Pfirsiche oder Aprikosen (Marillen) – alle Obstgehölze gepflanzt werden. Dabei dürfen die Bäume nicht zu tief in den Boden gesetzt werden. Die verdickte Veredelungsstelle sollte etwa 10 bis 15 cm über der Erdoberfläche sein.

Leimring

Jetzt im Vollherbst klettern die befruchteten, aber nicht flugfähigen Weibchen des Frostspanner-Schmetterlings an den Baumstämmen hoch, um dort ihre Eier abzulegen. Auf dem am Stamm angebrachten Leimstreifen bleiben sie kleben.
Bei borkiger Rinde muss darauf geachtet werden, dass der Streifen dicht anliegt, sonst unterwandert das Weibchen den Streifen. Die Leimstreifen dürfen erst Mitte/Ende Dezember endgültig entfernt werden.

Gemüsegarten

Im Gemüsegarten werden nun alle freien Beete mit gut verrottetem Kompost bedeckt und dann gleich grobschollig umgestochen. Anschließend wird Düngekalk aufgestreut – 2 bis 3 kg pro 10 m². Stallmist verträgt sich nicht mit Düngekalk, daher nicht gemeinsam ausbringen.

Gemüseernte

Verschiedene frostharte Gemüsearten sind besser haltbar, wenn sie im Garten stehenbleiben. Bei nicht gefrorenem Boden können sich die Pflanzen über die Wurzeln mit Wasser versorgen. Gefahr droht, wenn Wühl- oder Feldmäuse, Hasen oder gar Rehe das Gemüse als Leckerbissen entdecken. Bedeckt man die Pflanzen mit einem Vlies oder Kulturschutznetz, ist ein Fraß- und Frostschutz gegeben.
Längere Frostperioden erlauben bei gefrorenem Boden keine Ernte. Daher sollte vorher ein gewisser Vorrat geerntet werden.
Im Lager sind Temperaturen um den Gefrierpunkt kein Problem, denn im geernteten Zustand sind 0 bis 1 °C und eine Luftfeuchtigkeit von mindestens 95 % ideale Lagerbedingungen.

Jede einzelne Zehe ergibt im nächsten Hochsommer eine vielzehige Zwiebel.

Endivien

Im Oktober wird der Endivien-Salat geerntet. Für die Bleiche der inneren Blätter wird er etwa 12 Tage vor der Ernte zusammengebunden. Für den Winterverbrauch werden Endivien in einem luftigen Keller gelagert.

Knoblauch pflanzen

Zum Anbau des Knoblauchs werden die Zwiebeln in einzelne Zwiebelchen geteilt und 5 bis 7 cm tief gesteckt. Vor dem Stecken der Zehen, die erst knapp vor der Pflanzung gebrochen werden sollen, muss ein feines Pflanzbett bereitet werden. Gesteckt wird in Reihen von 30 bis 50 cm Abstand, in der Reihe mit 10 bis 15 cm. Um Krankheiten und Schädlingen vorzubeugen, sollte Knoblauch genauso wie Speisezwiebeln nur alle 4 bis 5 Jahre auf der gleichen Fläche angebaut werden.

Weitere Gemüsearten

Möhren (Karotten) können nur in klimatisch günstigeren Gebieten im Boden bleiben und müssen möglichst mit einer guten Strohschicht sowie schwarzer Folie als Regen- bzw. Nässeschutz bedeckt werden. Besser ist allerdings das Einlagern in einer Sandmiete im Keller.

Schwarzwurzeln können im Boden bleiben, da die Wurzeln nicht frostempfindlich sind. Eine Ernte ist aber nur bei offenem Boden möglich.

Rosenkohl (Sprossenkohl) verträgt sorten- und standortabhängig kurzzeitig -10 bis -12 °C, kann also auf dem Beet stehenbleiben. Niedrigere Temperaturen und größere Temperaturschwankungen können zu Frostschäden führen.

Selleriekultur

Rote Rüben

Herbst- und Winterspinate können über den Winter stehenbleiben und werden bis zum Frost geerntet. Eine Vliesabdeckung im zeitigen Frühjahr ermöglicht eine Ernte im April.

Sellerie wächst bis in den Oktober, deshalb bleibt er so lange wie möglich im Beet, das wirkt sich auf die Größe und Qualität der Knollen positiv aus. Beim Ernten darauf achten, dass die Knollen nicht beschädigt werden. Die Blätter mit der Hand entfernen, nicht schneiden. Die entfernten Sellerieblätter können getrocknet und als Suppengewürz verwendet werden.

Rote Rüben müssen zur Ernte vorsichtig ausgegraben werden, bei Verletzungen könnten sie „ausbluten".

Meerrettich (Krenwurzeln) werden im Oktober ausgegraben und im Keller eingeschlagen. Von den abgetrennten Seitenwurzeln („Fechser") können die stärksten gleich wieder als neue Jungpflanzen eingesetzt werden.

Kompost

Der im Sommer angesetzte Komposthaufen wird umgesetzt und mit einer Kompostfolie gegen übermäßige Nässe geschützt. Ist der Kompost mangels Niederschlägen zu trocken, dann empfiehlt sich ein mäßiges Wässern.

Achtung Wühlmäuse!

Möhren (Karotten) und Sellerie, auch Wurzelpetersilie werden in der kalten Jahreszeit gerne von Wühlmäusen gefressen. Daher in gefährdeten Gebieten rechtzeitig ernten und im Keller einlagern.

Spätherbst

Reife der letzten Äpfel
Verfärbung der Rosskastanie
Herbstnebel
en Weins
Verfärbung der Lärche
Verfärbung der Eiche

Spätherbst

In der vorletzten Jahreszeit bereitet sich die Natur auf ihre lange Ruhezeit vor. Die letzten Blätter verfärben sich und bald darauf ist bei fast allen Bäumen und Sträuchern der Blattfall beendet.

Nicht jedes Jahr geschieht der Laubfall zur selben Zeit, sondern richtet sich nach Temperatur und Witterung. Eichen und Buchen behalten ihr Laub sogar teilweise bis zum Frühjahr.

Die Sonne hat schon merklich an Kraft verloren, sie scheint nur mehr in einem flachen Winkel. In manche Täler kommt sie überhaupt nicht mehr. Nebelschwaden im Tal und tagelanger Hochnebel drücken auf die Stimmung. Im Garten blühen noch die letzten Rosen. Dahlien, Astern und Chrysanthemen zeigen noch ihre Blühkraft. Aber mit den ersten Nachtfrösten ist die Schönheit aller noch blühenden Blumen vorbei.

Lärchen-Verfärbung

Ziergarten

Einwintern

Im Spätherbst darf nicht vergessen werden, alle Wasseranschlüsse im Garten abzustellen und die Leitungen zu entleeren. Denn schon einige Grad unter null können die Leitung gefrieren und das Rohr platzen lassen. Die Wasserhähne sollten auch nach dem Abstellen der Zuleitungen den Winter über geöffnet bleiben. Alle Wassertonnen und Gartenschläuche werden ebenfalls sorgfältig entleert, gefrierendes Wasser dehnt sich bis zum Siebenfachen aus und sprengt Behälter und Rohre!

Maschinen und Geräte

Zum Ende des Spätherbstes, also wenn alle Gartenarbeiten abgeschlossen sind, wird bei allen motorgetriebenen Geräten (vor allem beim Rasenmäher) der Treibstoff abgelassen. Danach werden sie gereinigt und alle blanken Metallteile leicht eingeölt. Jetzt ist auch die Zeit, das Gerät zum Service zu bringen, damit es im Frühjahr wieder voll benutzbar ist.

Kleingeräte

Alle Handgeräte wie Setzschaufeln, Handgrubber und dergleichen, werden nach dem letzten Gebrauch gründlich gereinigt. Dann wird in einen Kübel feiner Sand (z. B. Vogelsand) gefüllt, der vorher mit etwas Kriechöl (wie es zum Schmieren von Türschlössern verwendet wird) abgemischt wurde. In diesen Sand steckt man die Geräte bis zum Griff hinein. Mit diesem einfachen Rostschutzverfahren sind die Kleingeräte bis zum Frühjahr gut geschützt.

Dünger

Alle Packungen von Gartendüngern, egal ob mineralische oder organische Düngemittel, müssen jetzt gut verschlossen oder zugeklebt werden. Über den Winter können sie sonst Feuchtigkeit anziehen und Klumpen bilden. Flüssigdünger müssen frostfrei aufbewahrt werden, sonst kristallisieren die Nährstoffe aus und sind im Frühjahr nur schwer löslich.

Gartenmöbel

Alle aus Holz gefertigten Gartenmöbel werden in den letzten warmen Tagen mit Schleifpapier geglättet und anschließend mit Holzöl satt eingelassen. Das Öl kann sich über den Winter im Holz verfestigen und die Teile sind im Frühjahr nicht mehr klebrig. Alle blanken Metallteile werden vorsichtig überschliffen und frisch gestrichen. Erst dann sollten die Möbel staubgeschützt in ein Winterquartier kommen.

Balkon und Terrasse

Die ersten Nachtfröste können überraschend auftreten. Daher werden jetzt alle frostempfindlichen Kübelpflanzen in ihr Winterquartier umgesiedelt. Mit bereitgehaltenen Abdecktüchern oder Folien können sie noch im Freien verbleiben. Einige Arten halten bis minus 3 °C ohne Schädigung aus. Sobald aber strengere Nachtfröste angesagt sind, müssen sie sofort ins Winterquartier.

Rosenschutz

Erst nach einigen Nachtfrösten müssen die Edelrosen auf eine Länge von 30 bis 40 cm eingekürzt werden. Der eigentliche Rückschnitt erfolgt aber erst im Frühjahr. Wenn die Rosen zu kurz geschnitten in den Winter kommen, trocknen sie zu stark zurück und

Jutesäcke schützen Hochstammrosen im Winter.

Edelrosen werden auf 30/40 cm eingekürzt und angehäufelt.

treiben im Frühling unter Umständen gar nicht mehr aus. Gleich nach dem Herbstrückschnitt werden die Rosentriebe mit Erde oder Kompost 10 bis 20 cm hoch angehäufelt.

Die Kronen von Hochstammrosen werden mit Tannenreisig oder Schilf zusammengebunden. Auch weißes Vlies oder Jute hat sich für diesen Zweck bewährt. Keine Plastikfolien verwenden! Sie frieren an den Trieben fest und zerstören sie. Kletter- und Strauchrosen werden ebenfalls angehäufelt, kommen aber ungeschnitten zur Überwinterung. Sie werden erst im Frühling ausgelichtet und zurückgeschnitten.

Die abgefallenen Rosenblätter – die meist mit Sternrußtau befallen sind – werden über Restmüll oder Bio-Tonne (und nicht über den Kompost) entsorgt.

Rosen besser im Herbst pflanzen

Wenn in einem Rosenbeet eine neue Rose gepflanzt werden soll, muss bedacht werden: **Rosen auf Rosen vertragen sich nicht!** Wenn am gleichen Standort wieder eine Rose gepflanzt werden soll, dann muss vorher die Erde der Pflanzstelle gewechselt werden. Wegen Bodenmüdigkeit durch die vorangegangene Rose muss die Erde im Ausmaß von 50 x 50 x 50 cm völlig erneuert werden, sonst kümmert die Neupflanzung nur.

Die Herbstpflanzung von wurzelnackten Rosen ist der Frühjahrspflanzung vorzuziehen. Eingetopfte Rosen können natürlich während der ganzen Saison gepflanzt werden.

Wurzelnackte Hochstammrosen werden besser erst im Frühjahr gepflanzt, da es beim Einwurzeln über den Winter Probleme geben kann..

Da der Boden noch genügend Wärme für die Neubildung von Wurzeln hat, bilden frisch

Die Veredelungsstelle muss etwa 5 cm unter der Erdoberfläche sein.

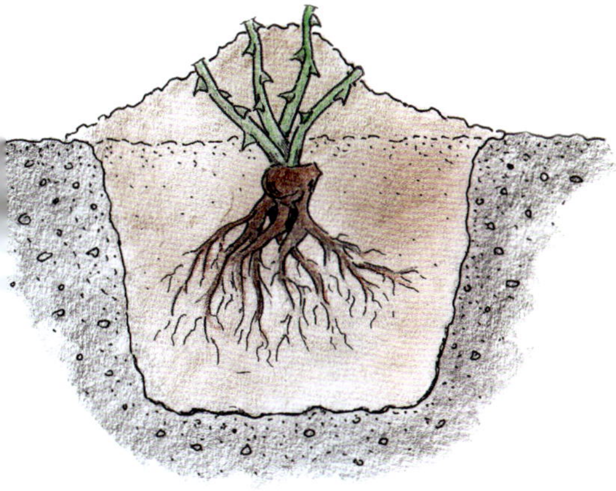

Nach der Pflanzung werden die Rosen gut angehäufelt.

gepflanzte Rosen schnell neue Saugwurzeln und sind bis zum Eintritt strengerer Fröste gut eingewurzelt. Rosen nur in sonnige, freie Lagen pflanzen. Je länger die Rose tagsüber Sonnenlicht hat, desto schöner blüht sie. Vor der Pflanzung werden alle verletzten oder geknickten Wurzeln abgeschnitten und die Pflanze ca. 5 Stunden in einem mit Wasser gefüllten Kübel gestellt. Auch kürzt man vor der Pflanzung die oberirdischen Triebe auf etwa 30 bis 40 cm Länge ein, schwache Triebe (unter Bleistiftstärke) werden entfernt.
Die Pflanzlöcher sollten so groß sein, dass alle Wurzeln genügend Platz haben und die Veredelungsstelle am Wurzelhals nach der Pflanzung etwa 5 cm unter der Erdoberfläche ist. Dies gilt auch für Topfrosen, auch wenn im Topf die Veredelungsstelle oberhalb der Erdoberfläche war. Nach der Pflanzung wird die Pflanzstelle leicht festgetreten und gründlich angegossen. Vor Frosteintritt werden die Pflanzen mit Erde, Kompost oder ähnlichem etwa 20 cm hoch angehäufelt, damit schützt man den Wurzelhals und die Veredelungsstelle vor Frost- und Trockenschäden im Winter.

Gartenabfälle häckseln

Wer seine Pflanzenreste nach der herbstlichen Endarbeit gehäckselt auf den Kompost gibt, hat rascher frischen, gut verrotteten Kompost zur Verfügung. Auch unter Sträuchern kann kleingehäckseltes Material zur Abdeckung verwendet werden.

Laubhaufen

Man kann aber auch Äste, Zweige und sonstige sperrige Pflanzenreste in einer Gartenecke mitsamt dem zukünftigen Winterschnitt zu einem Haufen aufschichten und damit Igeln und anderen Nützlingen ein Winterquartier bieten.
Wird das abgefallene Laub nicht als Nützlingsschutz verwendet, kann es mit dem Rasenmäher zerkleinert und am Kompost gleichmäßig verteilt werden.

Rasenpflege

Der Rasen wird bis zum Eintritt der Frostperiode weiter gemäht, die Graspflanze stellt ihr Wachstum erst unter 5 °C ein. Langes Gras vergilbt im Winter, bei längerer Schneelage verfault es sogar, daher sollte der Rasen auf eine Halmlänge von 4 cm geschnitten in den Winter kommen. Falllaub muss immer wieder sofort zusammengekehrt werden und darf keinesfalls auf Wiesenflächen liegen bleiben. Es wird unter Sträuchern und Bäumen als Bodenschutz verteilt oder kommt auf den Kompost.

Stauden einwintern

Die letzten abgeblühten und verwelkten Stauden werden zurückgeschnitten, der Boden gelockert und mit Torf und Kompost etwas verbessert. Alle empfindlichen Stauden können mit leichten Nadelholzästen abgedeckt werden.
Keine Fichtenäste verwenden, sie verlieren rasch ihre Nadeln! Polsterstauden dürfen nicht mit Falllaub bedeckt sein, sie faulen darunter. Immergrüne Stauden dürfen nur mit Reisig abgedeckt werden!

Gräser

Ziergräser werden nicht abgeschnitten, sondern zusammengebunden oder leicht umgebogen, damit bleibt das Zentrum feuchtigkeitsfrei und vor Fäulnis geschützt. Vor allem das Pampasgras ist sehr feuchteempfindlich. Es wird nicht zurückgeschnitten, sondern dicht zusammengebunden, damit

das Wasser außen abfließen kann. Wasser in den Halmen zerstört die Stöcke bei Frost! Ganz Vorsichtige umwickeln die zusammengebundenen Halme des Pampasgrases noch mit einer Lage Folie, damit kein Regen- oder Schmelzwasser eindringen kann.
Bei Raureif und leichtem Schneefall zieren die Gräser mit ihren Blütenständen noch den ganzen Winter hindurch. Erst im Frühling werden die vertrockneten Teile zurückgeschnitten.

Nadelgehölze und Kirschlorbeer

Das gründliche Einwässern der immergrünen Sträucher ist wichtig. Das Gießen muss aber mehrmals geschehen, bis zum Eintritt von Bodenfrost. Auch im Winter kann an frostfreien Tagen weiter gegossen werden.
Junge Kirschlorbeerpflanzen brauchen ab Januar einen Sonnenschutz. Die Triebspitzen sind oft nicht ganz ausgereift und vertrocknen durch die winterliche Sonneneinstrahlung. Passiert dies trotzdem, werden die braunen Triebspitzen im Frühling einfach zurückgeschnitten.

Rhododendronschutz

Auch alle immergrünen Rhododendren werden vor Frosteintritt nochmals gut gegossen. Manche Gartenbesitzer decken noch immer die Rhododendren über den Winter ab, was aber wirklich kaum notwendig ist. Sie halten unsere Winter aus, wenn man den Boden über dem Wurzelballen mit Laub oder Rindenmulch abdeckt. Der Fachmann streut gleichzeitig Hornspäne dazu, damit die Pflanzen im Frühjahr gleich eine Startdüngung haben. Wenn allerdings die Sträucher in der Nähe des Hauses gepflanzt sind, können die Rhododendren durch Dachlawinen arg geschädigt werden.
Das Einrollen der Rhododendronblätter bei Minusgraden, das oft ganz schrecklich aussieht, ist nur eine Schutzmaßnahme der Pflanze. Die eingerollten Blätter sind auch eine gewisse Temperaturanzeige, denn je kälter es wird, desto stärker rollen sie sich ein.

Hohe Gräser werden zum Nässeschutz zusammengebunden.

Schlingpflanzen zurückschneiden

Bei Blauregen (*Wisteria*) werden jetzt die überlangen Jahrestriebe auf 20 bis 30 cm zurückgeschnitten und neu angebunden, im Frühjahr ist immer zu wenig Zeit dazu. Die Trompetenwinde (*Campsis*) wird besser erst im Frühjahr zurückgeschnitten.
Die Waldrebe (*Clematis*) wird nur ein wenig ausgelichtet und eingekürzt und erhält eine Bodenabdeckung aus Torf oder Rindenmulch.

Pflanzungen im Spätherbst

Nur am Anfang des Spätherbstes dürfen noch wurzelnackte Sträucher und Bäume gepflanzt werden. Das gilt auch für blattlose Heckensträucher. Später ist der Boden meist schon zu kalt für die Wurzelbildung. Nur bis zu einer Bodentemperatur von 5 °C werden noch Wurzeln gebildet.
Wenn die Pflanzen vor dem Winter nicht mehr einwurzeln können, überstehen sie die kalte Jahreszeit nicht.

Blumenzwiebeln können ebenfalls nur noch in wärmeren Gebieten gelegt werden. Ist der Boden schon zu kalt, bilden auch sie keine Wurzeln mehr und sterben im Winter ab.

Bodenansprüche der Pflanzen

Viele Pflanzen stellen unterschiedliche Ansprüche an den Boden. Manche brauchen unbedingt einen sauren Boden wie z. B. Hortensien, Rhododendren und Azaleen, sowie verschiedene Heidepflanzen. Sie wachsen in normalen Gartenböden schlecht oder gar nicht. Für die meisten Gartenpflanzen ist ein fast neutraler, also nur leicht saurer Boden ideal.
Andere Pflanzenarten gedeihen wieder nur, wenn sie einen kalkreichen, also alkalischen Boden zur Verfügung haben. Daher wird bei einer Bodenuntersuchung auch der pH-Wert der Erde festgestellt. Der gibt an, ob die Erde neutral, basisch oder sauer ist.

pH-Wert

In vielen Pflanzanweisungen wird empfohlen, dass die Pflanze nur im sauren oder alkalischen (basischen) Milieu richtig wachsen kann. Diesen Grundbedarf des Pflanzenwachstums gibt nun der pH-Wert an. Die meisten unserer Gartenpflanzen lieben einen leicht sauren Boden, wachsen aber auch noch bei einer mäßig alkalischen Reaktion des Bodens.
Mit dem pH-Wert wird gemessen, ob die alkalischen oder die sauren Anteile überwiegen. Sind beide in einem ausgewogenen Verhältnis vorhanden, spricht man von einer „neutralen" Reaktion (= pH 7). Im lebenden Boden ist dieser Wert allerdings etwas verschoben, er liegt knapp unter dieser theoretischen Größe, bei pH 6,5.
Bei der Bodenuntersuchung wird der pH-Wert entweder auf kolorimetrischem Weg mit Indikatorpapieren oder Indikatorflüssigkeiten festgestellt. Dazu wird eine Erdaufschwemmung mit destilliertem Wasser gemacht und nach einiger Zeit wird diese Aufschwemmung auf das Indikatorpapier getropft. Am Farbumschlag erkennt man dann den pH-Wert. Solche Indikatorstreifen bekommt der interessierte Gartenbesitzer in Drogerien bzw. im Chemikalienhandel.
Genauer erfolgt die elektrometrische Messung mit speziellen pH-Messgeräten, wie sie alle Bodenuntersuchungslabore verwenden. Bei Bodenuntersuchungswerten unter pH 7 sprechen wir also von mäßig oder stark sauren Böden. Vor allem Moorbeetpflanzen wie Azaleen und Rhododendren sowie viele Heidepflanzen lieben einen sauren Boden. Nur in ausgesprochen „sauren" Böden (also unter pH 5) wachsen diese Moorbeetpflanzen zufriedenstellend. Anders herum verhält es sich mit den kalkfreundlichen Pflanzen, die einen pH-Wert über 7 benötigen. Werte über 7 werden daher, wie oben erläutert, als alkalisch bzw. basisch bezeichnet. Nur wenige Gartenerden haben einen niedrigen pH-Wert, meist liegen die Werte fast im neutralen Bereich (pH 5,5-7).

pH-Anhebung saurer Böden

Es ist relativ leicht, einen sauren Boden im pH-Wert anzuheben. Durch eine Aufkalkung eines sauren Bodens kann der pH-Wert stufenweise angehoben werden.

pH-Absenkung alkalischer Böden

Bei höherer Alkalität des Bodens – vielleicht noch verbunden mit Trockenheit – wird die Fähigkeit der Pflanze, bestimmte Nährstoffe

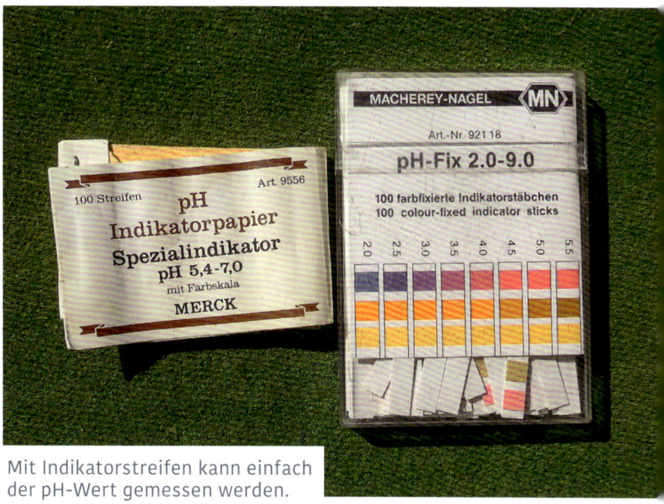

Mit Indikatorstreifen kann einfach der pH-Wert gemessen werden.

Chlorotische Weinblätter durch Kalküberschuss

aufzunehmen, immer geringer. Wir sehen das an den typischen Mangelerscheinungen, etwa an der „Kalkchlorose" bei bestimmten Pflanzen, z. B. der Quitte, der Hortensie usw. Den pH-Wert zu senken, lässt sich nicht so leicht bewerkstelligen und ist mit hohen Kosten verbunden. Es muss dafür der Boden mit einer „sauren" Substanz so lange verdünnt werden, bis der gewünschte Wert erreicht ist. Zu diesem Zweck steht in erster Linie Torfersatz oder Rindenkompost zur Verfügung. Für Pflanzen, die nur mäßig gegen zu hohen Kalkgehalt des Bodens empfindlich sind, wird eine Mischung von 30 bis 40 Volumenprozent Rindenkompost zur Erde ausreichen. Damit wird auch bei einem kalkreichen Boden die Gefahr einer Chlorose weitgehend gebannt sein.

Für ausgesprochen sauerliebende Pflanzen, die sogenannten Moorbeetpflanzen – dazu gehören Azaleen, Rhododendren, Eriken und einige Hortensien – wird ein komplettes Ausheben einer rund 70 cm tiefen Pflanzgrube und Befüllung mit einem speziellen Substrat für ein gesundes Gedeihen notwendig sein.

Aufdüngung mit Spurenelementen

Spurenelemente, die zum Wachstum und zur Blatt- und Blütenbildung notwendig sind (dazu gehören vor allem Eisen, Magnesium und Zink) werden in Böden mit alkalischen Werten gebunden und stehen dann den Pflanzen nicht oder nur unzureichend zur Verfügung.

In diesen Fällen muss eine regelmäßige Düngung mit den fehlenden Spurenelementen durchgeführt werden. Magnesium und Eisen sind für das Blattgrün notwendig, fehlen sie, sind die Blätter hellgrün bis gelblichgrün, die Pflanzen kränkeln und wachsen kaum.

Urgesteinsmehl kann diesen Mangel bis zu einem gewissen Grad beheben, meist sind aber spezielle Spurenelementdünger erforderlich.

Gewächshaus winterfest machen

Wenn die Möglichkeit besteht, das Gewächshaus zur Überwinterung zu nutzen, dann ist es zur Verringerung der Heizkosten empfehlenswert, zumindest die senkrechten Wände oder auch das Dach mit einer Luftpolsterfolie zu dämmen. Zu den Folien gibt es im einschlägigen Handel auch Halterungen, damit die Folie im Frühjahr wieder problemlos entfernt werden kann.

Obstgarten

Topfbäume

Apfel-, Birnen- oder Pfirsichbäumchen im Topf sind frostgefährdet. Um die Wurzeln der Pflanzen vor Temperaturschwankungen zu schützen, legt man unter die Gefäße Hölzer oder Styroporplatten und umwickelt sie zusätzlich mit isolierendem Material wie Luftpolsterfolie oder Kokosmatte. An frostfreien Tagen sollten diese Topfpflanzen vorsichtig gegossen werden. Den ganzen Winter hindurch müssen sie bis zum Frühling im Hausschatten stehen, da sie sonst durch ständiges Auftauen und Einfrieren vertrocknen und absterben.

Fallobst und Fruchtmumien

Restliches Fallobst unter den Obstbäumen muss unbedingt aufgesammelt werden, denn Fallobst lockt Wühlmäuse an.
Von allen Obstbäumen müssen auch sämtliche Fruchtmumien entfernt werden. Mumifiziertes Obst enthält Monilia-Pilze und kann im Frühjahr wieder die Blüten infizieren. Diese Pilzkrankheit kann sich über den Kompost weiterverbreiten. Daher wird alles über die Biotonne entsorgt.

Leimringe

Angebrachte Leimringe müssen auf eventuell anhaftendes Laub kontrolliert werden, damit die Frostspannerweibchen nicht darüber in die Baumkronen zur Eiablage wandern können. Ist der Leimring zu stark verschmutzt, soll er besser erneuert werden. Es muss darauf geachtet werden, dass der Leimring bündig an der Rinde anliegt, damit er nicht unterwandert werden kann. Erst im Dezember darf er endgültig entfernt werden.

Rindenpflege

Lose Rindenteile an den Obstbäumen sollen mit einem Rindenkratzer abgeschabt werden. Dadurch verhindert man die Vermehrung von Spinnmilben, Blattläusen und anderen Schädlingen, die auf und unter der Borke überwintern. Aber vorsichtig arbeiten, damit nur alte Borke entfernt wird. Kratzt man zu heftig, wird auch der empfindliche Bast- und Kambiumteil freigelegt. Das schädigt den Baum in seiner Wasserversorgung.
Das im Gartenfachhandel erhältliche Gerät entfernt bei behutsamem Einsatz die oberflächlich abstehenden Rindenreste, unter denen sich während des Winters diverse Obstbaumschädlinge verstecken. Mit einer Spitze des Dreikants können versteckte Insekten

Fallobst am besten gleich entfernen.

Rindenschaber mit konvexen und konkaven Schneiden.

auch aus Spalten hervorgeholt werden. Drahtbürsten sind für das Rindenputzen nur bedingt geeignet, da damit bei zu rigorosem Einsatz auch junge, dünne Rinde verletzt wird. Statt einer Drahtbürste ist es besser, eine Bürste mit harten Kunststoffborsten zu verwenden.

Baumanstrich

Anschließend werden die Stämme bis in die ersten Astverzweigungen mit weißem Baumanstrich gegen winterliches Auftauen geschützt. In den Baumanstrich kann 0,5-prozentig ein Kupferpräparat eingemischt werden, das tötet holzschädliche Pilze ab.
An Aprikosen- (Marillen-) und Pfirsichbäumen wird am Stamm ein weißer Anstrich aufgetragen. Er schützt die Rinde vor Frostrissen. Auch andere junge Obstbäume sollten die ersten Winter hindurch mit diesem Anstrich einen Stammschutz erhalten. Wird zusätzlich ein Kupfer-Spritzmittel in das Anstrichmaterial eingemischt, schützt der Kupferanteil vor pilzlichen und bakteriellen Erkrankungen der Rinde.

Flechten

Diese Stamm- und Astbesiedler schädigen den Baum nicht. Sie ernähren sich von Staub, vom Baum abgespülten Resten und von Niederschlägen. Sie müssen daher nicht abgekratzt werden. Dort wo sie gedeihen können, gibt es keine Industrieabgase.

Neupflanzung

Bei milder Witterung und offenem Boden lassen sich noch immer Obstgehölze pflan-

Rindenflechten zeigen saubere Luft an.

Weiße Farbe schützt den Stamm vor übermäßiger Erwärmung.

zen, bis zu einer Bodentemperatur von 5 °C wachsen auch neue Wurzeln. Für die flachwurzelnden Beerensträucher ist es jetzt aber bereits zu kalt.

Wildschutz

Der Gartenzaun muss auf Löcher kontrolliert werden, sonst kommen im Winter ungebetene Gäste an Gemüse und Baumrinden. Wenn außer Hasen auch Wildkaninchen in der Umgebung vorkommen, muss der Zaun bis zu 30 cm tief eingegraben werden.

Bei freistehenden Obstbäumen sollte an den notwendigen Schutz vor Wildverbiss gedacht werden. Kunststoff-Manschetten oder engmaschiges Drahtgitter schützen im Winter vor Hasenfraß an der Rinde.

In Waldnähe kommt es vor, dass Rehe über niedere Zäune springen und Knospen von Obstbäumen fressen. Zum Schutz vor Rehen muss ein Zaun mindestens 1,8 m hoch sein.

Igel

Für diesen Nützling wird in einer Ecke des Gartens ein Äste- und Laubhaufen aufgeschichtet, damit er dort seine Winterruhe verbringen kann. Im Gartenbedarfsgeschäft gibt es auch schon fertige Igelhäuser, wo der stachelige Geselle trocken den Winter verbringen kann. Der Igel darf mit Katzenfutter

Der nützliche Igel

zugefüttert werden, Milch kann aber unter Umständen tödlich für ihn sein!

Kulturheidelbeeren

Jetzt ist es Zeit, das Substrat der Heidelbeeren zu erneuern. Eine Mischung aus Rindenmulch und Torfersatzstoffen wird einfach als weitere Schicht aufgebreitet. Die Wurzelstöcke sind damit noch besser gegen winterliches Austrocknen geschützt. Zusätzlich können auch Hornspäne mit eingemischt werden.
Die etwas spröden Triebe der Kulturheidelbeeren werden locker zusammengebunden, sofern sie nicht zwischen Spanndrähten stehen. Dadurch können sie bei Frost und durch die Schneelast nicht brechen.

Heidelbeere ‚Bluecrop' (Wiesenhofer)

Gemüsegarten

Hochbeete

Jetzt gibt es Abverkaufsaktionen für Hochbeete und andere Gartenbedarfsartikel in Gartencentern und Baustoffhandel. Günstige Preise können nun genutzt werden, bevor im Frühjahr wieder alles teurer wird.

Herbstliche Bodenbearbeitung

Im Spätherbst ist die Zeit der Bodenbearbeitung gekommen. Der Spaten oder die Grabe-

Vorgefertigtes Hochbeet

gabel sind nun die wichtigsten Gartengeräte. Wer genügend fertigen Kompost zur Verfügung hat, streut ihn auf die Beete und arbeitet ihn leicht ein. Auch andere organische Bodenverbesserungsmittel können jetzt ausgebracht werden.
Sofern frostfreie Tage herrschen und der Boden noch nicht gefroren ist, kann mit der Grabegabel gearbeitet werden. Nur auf sehr schweren, lehmigen Böden wird mit dem Spaten umgestochen. Dabei wird etwa 20 bis 25 cm tief in den Boden gestochen und die Scholle gewendet.
Auf leichten und schon vielmals bearbeiteten Böden wird nur mit der Grabegabel leicht gewendet, damit die Winterfeuchte genügend tief in die Erde vordringen kann. Das umgegrabene Erdmaterial soll grobschollig liegen bleiben, damit der kommende Frost die Erde feinkrümelig aufbricht. Dabei wird nicht tiefer als 25 bis 30 cm umgegraben. Sonst kommt der gering belebte Unterboden nach oben. Durch das Umgraben kommt wieder Luft zu den Bodenlebewesen, was vor allem die nützlichen Bodenbakterien zu neuer Aktivität bringt.
Nach der Bodenbearbeitung wird Düngekalk gestreut, dann kann diese Bodenverbesserung über den Winter zur Wirkung kommen. Es genügt ein oberflächiges Streuen, mit schmelzendem Schnee oder Regen wird der Kalk in die oberen Bodenschichten eingeschwemmt.

Gewächshaus

Jetzt sind viele Kleingewächshäuser von Sommerkulturen geräumt. Die Anbaufläche bleibt dann leer und wird als Lagerraum für Gießkannen, Regentonnen, Gartenstühle und Ähnliches genutzt. Auf Hängebrettern liegen vielfach neben kleinen Gartengeräten auch Dünger, Aussaaterde, Schneckenkorn, Pflanzenschutzmittel oder -spritzen.
Das alles gehört nicht ins Gewächshaus. Denn bis zum Frühjahr sind sie dort Licht (UV-Strahlung), hoher Luftfeuchtigkeit und hohen Temperaturschwankungen ausgesetzt, die die Eigenschaften von Kunststoffen, die Wirkstoffe von Pflanzenschutzmitteln oder die Konsistenz von Düngern verändern. Ein sachgerechter Einsatz im Frühjahr ist daher kritisch. Diese Materialien sind aus dem Gewächshaus auszulagern und an dunklen,

So wird richtig umgestochen

Das Gesetz vom Minimum

kühlen sowie trockenen Orten zu verstauen.
Ist das Gewächshaus geräumt, der Boden aber nicht bepflanzt, kann man jetzt Reparaturen vornehmen, die Eindeckung innen reinigen und die Erde umgraben. Anschließend werden Lüftungsklappen und Tür leicht geöffnet, damit bei entsprechenden Minusgraden der Boden durchfrieren kann.

Bodenuntersuchung

Jede Pflanze kann nur dann optimal gedeihen, wenn die von ihr benötigten Nährstoffe ausreichend vorhanden sind. Das Wachstum richtet sich grundsätzlich nach dem Nährstoff, der am geringsten im Boden zu finden ist. Ist auch nur ein Nährstoff in ungenügender Menge für die Pflanze vorhanden, kann sie sich nicht optimal entwickeln und den gewünschten Ertrag bringen.
Nur mit Hilfe einer Bodenuntersuchung kann ein Mangel oder Überschuss einzelner Pflanzennährstoffe festgestellt werden.
Spätestens alle 5 Jahre sollte im Gemüsegarten eine Bodenuntersuchung vorgenommen werden.
Für die Bodenproben müssen ein sauberer Eimer oder anderes Sammelgefäß, ein Spaten oder eine Handschaufel und handelsübliche Gefrierbeutel mit mindestens 3 Liter Inhalt bereitgestellt werden. Je nach Größe der jeweiligen Parzelle werden rastermäßig alle 5 m Entnahmestellen notwendig sein. Mit einem Löffel oder einer Handschaufel wird nun Erde an der Wand der Einstichstelle von unten nach oben abgeschürft und in das Sammelgefäß gegeben. Die Proben sollten aus einer Tiefe von bis zu 25 cm entnommen werden.
Nachdem von einer einzelnen Fläche die Proben entnommen sind, werden sie im Sammelgefäß gut durchgemischt und etwa ein Liter davon in einen Gefrierbeutel gefüllt. Jeder Beutel muss genau beschriftet und in einem Begleitschreiben der Untersuchungswunsch festgelegt werden.
Wenn bestimmte Störungen im Wachstum der Pflanzen vermutet werden, empfiehlt es sich eine genauere Beschreibung bzw. ein Foto der Pflanzen beizulegen. Denn es besteht die Möglichkeit, dass nicht nur durch das Fehlen von Hauptnährstoffen, sondern auch durch den Mangel an Spurenelementen bestimmte Wuchsstörungen verursacht wurden.
Adressen von Bodenuntersuchungsanstalten erfährt man über die Landwirtschaftskammern.

Bärlauch

Dieses Gewürzkraut wird immer beliebter. Wer den Bärlauch als Knoblauchersatz im Garten haben möchte, kann ihn auch aus Samen ziehen. Dazu muss die Aussaat noch vor dem Winter erfolgen, denn diese Zwiebelpflanze ist ein Frost- oder Kaltkeimer. Die Samen keimen also nur nach Frosteinwirkung.
Da die Keimfähigkeit ohnehin nicht besonders gut ist, sollte man das unbedingt beachten.

Bärlauch im Mai

Saatgutreste

Angebrochene Samentüten und selbst geerntete Samen sollten noch vor Einbruch des Winters eingesammelt und bei eigenem Saatgut auch beschriftet werden. Gelagert werden die Samenvorräte in einem kühlen, aber frostfreien Keller. Frosteinwirkung kann das Saatgut verändern. Manche Gemüsearten treiben dann bereits als Jungpflanzen Blüten, ohne einen richtigen Pflanzenkörper zu bilden. Bewährt hat sich auch die Lagerung der Samen in dicht schließenden Glasgefäßen. Darin ist die vorhandene Saatgutmenge gut erkennbar.

Stallmist

Wer in der glücklichen Lage ist, Stallmist zu bekommen, sollte ihn zu einer Miete aufschichten und mit Erde abdecken. Wird der frische Mist oberflächig aufgebreitet, dann entweicht wertvoller Stickstoff. Aufgeschichtet wird der Mist wie in einer Kompostmiete und zusätzlich noch mit Knochenmehl und Hornspänen vermischt. Das Ganze wird mit Erde abgedeckt, dann kann der Mist zu einem wertvollen Humusdünger heranreifen.

Bodenkalkung

Kalk darf nicht gemeinsam mit Stallmist gegeben werden, denn Kalk treibt den Stickstoff aus. Je nach pH-Wert des Bodens (Bodenuntersuchung!) werden 2 bis 3 kg Düngekalk pro 10 m² gestreut. Daher wird Kalk nur in den Jahren gestreut, in denen kein Stallmist gestreut wurde.

Gemüseeinlagerung

Winterhartes Gemüse wie z. B. Weißkraut, Kohl, Porree und Schwarzwurzeln können am Gemüsebeet stehenbleiben, jedoch ist die Ernte im gefrorenen Zustand schwierig bis unmöglich. Daher wird, bevor der Boden gefroren ist, ein Vorrat im Keller eingelagert. Alle welken, abgestorbenen und angefaulten Teile werden gründlich entfernt. Wurzelgemüse wie Rettich, Sellerie, Schwarzwurzeln, Karotten und Porree werden nach dem Einkürzen der Blätter in feuchtem Sand im Kel-

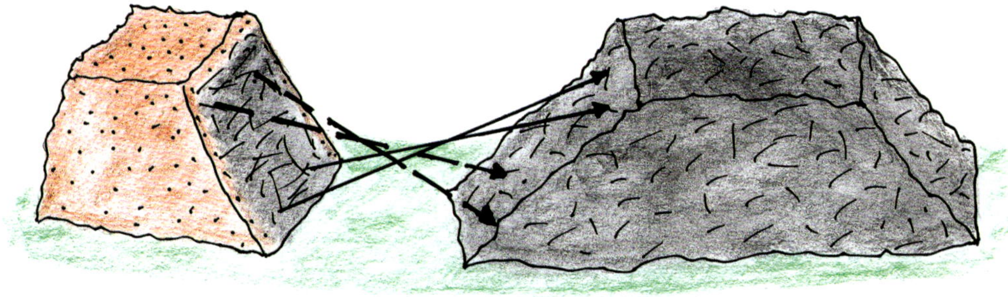

Umsetzen des Kompostes

ler eingeschlagen. Ständige Kontrolle aller Lagerräume nicht vergessen! Alles angefaulte oder sonstig verdorbene Gemüse muss sofort entfernt werden, denn es steckt anderes Lagergut an!

Schnittlauch im Topf

Dieses Suppengemüse kann auch im Winter weitergezogen werden. Dazu gräbt man einige Stöcke aus und topft sie ein. Als Topferde mischt man $^2/_3$ Gartenerde mir $^1/_3$ Blumenerde oder gut abgelagertem Kompost. Am Küchenfenster treibt der Schnittlauch willig an und steht so den ganzen Winter als Suppenwürze zur Verfügung.

Kompost

Gesunder Gemüseabfall kann über die Wintermonate auf den Gemüsebeeten liegen bleiben, denn er gibt dem Boden Schutz. Ansonsten werden alle Abfälle am Komposthaufen entsorgt. Wichtig ist die gleichmäßige Mischung aller kompostierbaren Garten- und Küchenabfälle, aber ohne Essensreste und rohen oder gekochten Fleischresten. Sie locken unweigerlich Ratten an.

An frostfreien Tagen kann der Kompost umgesetzt werden. Das geschieht am einfachsten dadurch, dass das oberste, zuletzt zugeführte Material des Kompostes zuunterst kommt und die ursprünglich untersten Schichten, meist schon leicht erdigen Teile obenauf gelagert werden. Das ganze Kompostmaterial wird also einfach auf den Kopf gestellt. Ist das Kompostmaterial trocken, sollte es leicht angegossen werden. Abschließend wird das neugeschichtete Material mit Gartenerde wieder zugedeckt.

Kompostabdeckung im Winter

Über die kalte Jahreszeit sollte der gesetzte Kompost mit einer Abdeckung versehen werden. Darunter bleibt nicht nur die Wärme besser erhalten und der Rotteprozess länger aktiv, auch Niederschläge und damit zu viel Nässe werden abgehalten. Hingegen kann ein Komposthaufen, der erst im Herbst aus grobem Material aufgeschichtet wurde und daher noch wenig verrottet ist, im Winter offen bleiben.

Ein halbfertiger Komposthaufen, bei dem die Rotte noch voll im Gang ist, verbraucht auch im Winter Wasser und darf nicht austrocknen. Aber bei großer Nässe stoppt die Rotte und kann in Fäulnis übergehen. Ein Test erleichtert die Entscheidung. Dazu wird aus dem Inneren des Komposthaufens etwas Erde entnommen und in der Hand zusammengedrückt. Läuft zwischen den Fingern Wasser heraus, ist der Kompost zu nass und sollte im Winter abgedeckt werden.

Winter

Blüte des Winterjasmins

Blüte der Zaubernuss

Zwetschgenbaum mit Schnee

Eichenlaub mit Raureif

Mit der Haselblüte endet der Winter.

Winter

Diese Jahreszeit beginnt etwa Ende November/Anfang Dezember und dauert ungefähr bis Ende Februar. Der Boden friert langsam ein, Schnee kommt manchmal reichlich, anderswo überhaupt nicht.

Allerorts ist dies die stille Zeit, in der die Gartenarbeit fast völlig ruht.

Im phänologischen Kalender steht der Winter zwar an der letzten Stelle der zehn Jahreszeiten, aber am Anfang des neuen Jahres sind wieder einige Arbeiten im Garten notwendig.

Hamamelis, die Zaubernuss

Nicht alle Pflanzen sind in dieser Zeit in der totalen Winterruhe. Einige Ziersträucher wie der Winterduftschneeball *(Viburnum bodnantense)* beginnen schon im Winteranfang (also im Dezember) mit einer Blüte, die bei

Jasminum nudiflorum, der Winterjasmin, blüht oftmals schon im Februar.

Hohe Schneelasten sollten von Bäumen und Sträuchern abgeschüttelt werden.

Frostwetter unterbrochen wird und an den ersten warmen Tagen mit erneuter Kraft wiederkommt. Ähnlich verhalten sich die Zaubernuss *(Hamamelis intermedia)* und der Winterjasmin *(Jasminum nudiflorum)*.
Auch wenn es im Garten noch bitter kalt ist und alles mehr oder weniger tiefgefroren, beginnt zuerst unmerklich, aber stetig zunehmend wieder die neue Gartensaison. Es ist kaum bemerkbar, aber im Laufe des Januars beginnen sich einige Pflanzen bereits auf das kommende Frühjahr vorzubereiten.
Genauso sollte man sich bereits mit der Planung für das kommende Gartenjahr beschäftigen. Dazu zählt die Bepflanzung der Beete wie auch deren Umgestaltung oder Neuanlage. Meist ist es so, dass bei der vielen Arbeit im Sommer kaum Zeit bleibt, ein Tagebuch zu führen. Aber aufgrund solcher Aufzeichnungen erinnert man sich dann, was eigentlich nicht ganz richtig war und was geändert werden sollte.
Mit diesen Notizen werden die gesammelten Erfahrungen ausgewertet und anschließend Pläne für das kommende Jahr erstellt. Darin kann außerdem aufgeführt werden, welche Probleme es gab und was in der kommenden Saison verbessert werden kann.

Ziergarten

Schneefall

Bei stärkeren Schneefällen kann die weiße Last bei Nadelbäumen und immergrünen Laubbäumen durch das Gewicht zu Astbrüchen führen. Vor allem dann, wenn der Schnee bei Temperaturen um null Grad oder leicht darüber zu tauen beginnt und immer schwerer wird. Daher sollte der Schnee sobald wie möglich vorsichtig abgeschüttelt werden. Bei tieferen Temperaturen ist das Holz gefroren und daher sehr brüchig. Bei zu intensivem Schütteln kann dann unter Umständen ebenfalls Astbruch verursacht werden.
Säulenförmige Wuchsformen, vor allem von Nadelgehölzen, müssen schon im Herbst zusammengebunden werden, damit der Schnee die einzelnen Äste nicht auseinan-

Winterduftschneeball *Viburnum bodnantense*

derbiegt. Unter Bäumen und Sträuchern sowie am Staudenbeet kann der Schnee größtmöglich liegenbleiben. Die Schneedecke schützt die Wurzeln vor Kälte und Austrocknung. Wenn die Wege im Garten freigeschaufelt werden müssen, wird der überschüssige Schnee gleich unter Sträuchern und Bäumen gelagert. Beim Schmelzen wird dadurch den Wurzeln zusätzliche Feuchtigkeit zugeführt. Am Rasen muss der von den Wegen entfernte Schnee nicht unnötig hoch und lange gelagert werden, da bei längerer Schneelage die Gräser ersticken und verfaulen könnten.

Gewächshäuser

Auch von Gewächshausdächern muss der Schnee immer gleich abgeräumt werden. Die darin befindlichen Pflanzen brauchen Licht, das durch die niedrigstehende Sonne oder durch Bewölkung sowieso wesentlich verringert ist. Auch wenn das Haus leer steht, ist es wichtig, den Schnee vom Dach baldigst zu entfernen.

Wenn die Schneedecke nicht von selbst herab rutscht, muss vorsichtig nachgeholfen werden. Schneelast am Glashaus oder Folientunnel kann recht erheblich sein. Glasscheiben und Konstruktion werden stark belastet. Schon bei einer Dachfläche von nur 10 m^2 werden Glasscheiben und Konstruktion bei frisch gefallenem Pulverschnee und einer Schneehöhe von 35 cm bereits mit einem Gewicht von 500 kg belastet. Bei wässrigem Schnee kann diese Last schon bei einer Schneehöhe von 10 cm erreicht werden. Bildet sich dazu Eis, wird die Bruchgefahr noch größer.

Weihnachtsbäume

In vielen Familien wird gerne ein „lebender" Weihnachtsbaum gekauft mit dem Ziel, ihn nach den Feiertagen im Garten auszupflanzen. Problematisch ist dabei, dass der Baum meist erst kurz vor dem Verkauf in Plastikkübel „gestopft" wurde. Dabei werden viele Wurzeln verletzt oder gar abgeschnitten.

In Baumschulen herangezogene Christbäume sind hingegen schon von Anfang an in Containern kultiviert und daher besser durchwurzelt.

Das Bäumchen muss, bevor es ins warme

Zimmer kommt, nochmals gründlich gegossen werden. Kurz nach dem Fest soll der Christbaum in einem kühlen, frostfreien Raum gebracht werden. Ist der Boden nach den Feiertagen nicht gefroren, kann der Weihnachtsbaum bald nach dem Fest im Garten ausgepflanzt werden. Ist das Auspflanzen nicht möglich, verbleibt das Bäumchen in ungeheizten Räumen, bis eine Pflanzung möglich ist. Dabei darf das mäßige Gießen nicht vergessen werden.

Zweige ausgedienter Weihnachtsbäume können im Garten noch sehr gute Dienste leisten. In mehreren Lagen übereinandergelegt schützen sie Stauden vor Frost und sorgen bei immergrünen Gehölzen für Beschattung. Auch für Rosen können, wenn erforderlich, die Zweige noch als zusätzlicher Winterschutz verwendet werden. Im Frühling werden diese Nadelbaumzweige dann gehäckselt und leisten noch als Mulch gute Dienste.

Silvester-Geschenk

Der zu Neujahr geschenkte vierblättrige Klee gilt als Glücksbringer. Damit das Glück anhält, wird die Pflanze an einen hellen, kühlen Platz gestellt. Die Heizungsluft mag der Klee nicht und er sollte auch nicht in der prallen Sonne stehen. In dieser Zeit darf das Pflänzchen nur sparsam gegossen und auch nur wenig gedüngt werden. Ab Mai kann der Glücksbringer im Garten oder in einem schattigen Balkonkisterl ausgepflanzt werden. Bei guter Pflege blüht der Glücksklee zwischen Mai und Juli. Günstig ist es, wenn der Glücksklee im Garten gleich in einem Pflanzkorb (wie im Herbst die Blumenzwiebeln) gesetzt wird. Da kann er dann im Halbschatten wuchern und bildet jede Menge Brutzwiebeln. Im Herbst wird die Schale ausgegraben, trocken überwintert und im April wieder im Garten eingesetzt.

Glücksklee *Oxalis tetraphylla*

Vogelfütterung

Die Fütterung von Vögeln im Winter ist nicht nur wegen der Beobachtung der gefiederten Freunde wichtig. Die im Winter und Frühling gefütterten Nützlinge verbleiben in Gartennähe. Wenn sie dann noch eine Nistmöglichkeit haben, sind sie zur Aufzucht ihrer Jungen ständig unterwegs und befreien unsere Pflanzen von schädlichen Raupen und anderem Getier.

Die Futterplätze für unsere Singvögel müssen freigehalten, regelmäßig gereinigt und nachgefüllt werden. Wenn ein Vogel im Winter 24 Stunden lang kein Futter findet, ist er ein Todeskandidat. Die Futterstellen sollten so gebaut sein, dass der Vogel zwar das angebotene Futter entnehmen, aber sich nicht direkt ins Futter setzen kann. Sonst würde er es unwillkürlich mit seinem Kot verschmutzen und unter Umständen Krankheiten auf andere Vögel übertragen.

Nistkästen

Wenn es nicht schon im Herbst geschehen ist, sollten spätestens jetzt im Winter alle Nistkästen im Garten gut gereinigt werden. Dazu wird das alte Nest restlos entfernt und kompostiert. Unsere Gartenvögel wollen immer ein neues Nest bauen, um darin ihre Jungen aufzuziehen. Der Innenraum wird gründlich mit heißem Wasser ausgewaschen, allenfalls kann auch noch Essig zur Desinfektion zugegeben werden. Aber keine Desinfektionsmittel, wie sie im Haushalt verwendet werden, zur Reinigung einsetzen. Diese Präparate sind unter Umständen für unsere Jungvö-

gel hochgiftig. Denn die Rückstände dieser Mittel verflüchtigen sich oftmals nicht so schnell. Manche Singvögel beginnen schon sehr früh mit dem neuen Nestbau. Vielfach werden die Nistkästen auch zum Nächtigen bei besonders tiefen Temperaturen genutzt. Wer einen neuen Nistkasten im Garten aufhängen will, muss berücksichtigen, für welche Vogelart der Nistkasten vorgesehen ist. Viele Fertigmodelle gibt es preisgünstig im Handel. Wichtig ist dabei die Schlupflochgröße. Für unsere fleißigsten Schädlingsvernichter, die Meisen, darf das Schlupfloch nur einen Durchmesser von 28 mm (für Blaumeisen) bis 32 mm (für Kohlmeisen) haben.
Gerne nehmen Spechte solch einen Nistkasten in Beschlag, sie hämmern sich dann einfach das Loch größer. Will man dies verhindern, muss rund um das Schlupfloch ein Blechplättchen mit einem 28 bis 32 mm großen Ausschnitt angebracht werden.

Der lange Zeit genutzte Nistkasten hängt so, dass weder Regen noch Raubtiere die Brut schädigen können.

Immergrüne Sträucher

Wenn im Herbst nur wenig Niederschläge gefallen sind und auch der Winter schneearm war, dann dursten die immergrünen Sträucher, sowohl Nadel- als auch Laubgehölze. Daher muss man bei frostfreiem Wetter diese Gehölze gründlich wässern. Die immergrünen Sträucher verdunsten auch im Winter Wasser und können es aus einem trockenen Boden nicht ausreichend nachziehen.
Herrscht hingegen trockene Kälte mit Sonnenschein, sollen blatttragende Immergrüne (z. B. Kirschlorbeer) mit schattierendem Schutz aus Jute, Vlies oder Nadelholzzweigen gegen winterliche Austrocknung geschützt werden. Vor allem junge Sträucher können durch die winterliche Sonneneinstrahlung geschädigt werden, weil ihre Wurzeln noch nicht ausreichend tief reichen. Der Schaden wird erst im Frühjahr sichtbar, wenn die oberen Blätter braun werden. Als Sonnenschutz dürfen aber keine Plastikfolien verwendet werden!

Strauchschnitt

Vorläufig soll der Straucherschnitt noch zurückgestellt werden. Es kann im Laufe des Januars und Februars noch schneefreie Kälte geben und dann besteht die Gefahr, dass frisch geschnittene Strauchteile zurückfrieren. Also besser auf den Vorfrühling warten.

Winterlager für Blumenzwiebeln und Knollen

Die ideale Lagerraumtemperatur beträgt etwa 5 bis 10 °C. Mit einem Minimum-Maximum-Thermometer lässt sich die Temperatur leicht kontrollieren. Das Lager immer auf Frostfreiheit kontrollieren. Allenfalls einen Frostwächter installieren!
In solch einem Winterlager-Keller dürfen keine Heizungsrohre durchgeleitet sein. Die Temperatur wäre dann auf jeden Fall zu hoch. Außerdem ist dabei immer die Luft zu trocken, und das führt zum vorzeitigen Schrumpfen der eingelagerten Zwiebeln und Knollen.
Wer in einem ungeheizten Keller Dahlien, Gladiolen und andere Knollen oder Zwiebel-

pflanzen eingelagert hat, sollte sie mehrmals gründlich kontrollieren. Alles, was faulig ist, muss sofort entfernt werden, denn die gegenseitige Ansteckungsgefahr ist groß!
Wenn es nicht schon im Herbst beim Einlagern gemacht wurde, ist jetzt immer noch Zeit, um die Knollen in Sägespäne umzubetten. Das hält sie trocken, ohne sie auszutrocknen.

Kübelpflanzen

Durch die kühleren Temperaturen brauchen unsere nicht winterharten Kübelpflanzen auch wesentlich weniger Wasser. Damit es nicht zu Wurzelfäule kommt, muss jetzt sehr sparsam gegossen werden. Es ist besser, vor dem Gießen zuerst mit dem Finger ein bisschen in die Topferde hineinzubohren, um die Feuchtigkeit auch unter der Erdoberfläche zu ertasten.
Besser etwas zu wenig als zu viel gießen.
Da sich die Pflanzen in einer Ruhepause befinden sollt die Lufttemperatur 5 bis 8 °C nicht überschreiten. Ist es wärmer, beginnen die Kübelpflanzen mit einem vorzeitigen Austrieb. Er ist meist schwach und kränklich und zieht damit Schädlinge an.
Alle Kübelpflanzen, die sich jetzt in einer Garage, in einem Keller oder sonstigen Winterquartier befinden, müssen immer wieder auf Schädlingsbefall und Krankheiten kontrolliert werden.
Als Schädlinge nisten sich gerne Blattläuse, Woll- oder Schmierläuse sowie Schildläuse ein. Sie wurden meist unbemerkt im Herbst miteingeschleppt und können sich jetzt stark vermehren. Diese Schädlinge sitzen oftmals so gut getarnt in den Zweigen, unter den Blättern, in Blattachseln und an anderen Stellen, sodass sie bei einer Kontrolle leicht übersehen werden. Spritzungen gegen diese Tiere sind im Winterquartier nicht besonders günstig, da die Pflanzen längere Zeit nass bleiben, was wieder Krankheiten fördert. Im Fachhandel gibt es Gießmittel, die von den Wurzeln aufgenommen werden und mit dem Saftstrom alle versteckt sitzenden Schädlinge erreichen.
Als Krankheit tritt im Winterquartier vor allem Weichfäule durch zu hohe Feuchtigkeit

Woll- oder Schmierläuse an Zierpflanze

auf. In deren Begleitung richtet dann die Graufäule (*Botrytis*) schwere Schäden an. Die befallenen Stellen sind mit einem grauen Staub, den Sporen des Pilzes, überzogen und der Pflanzenteil stirbt ab. Vor allem wenn die Pflanzen sehr dicht beieinanderstehen, kann es zu starken Infektionen kommen. Zu hohe Luftfeuchtigkeit fördert diese Krankheiten.
Da hilft nur eine totale Entfernung aller kranken Pflanzenteile. Zusätzlich soll an frostfreien Tagen so oft wie möglich gründlich gelüftet werden. Damit kann wieder ein lufttrockenes Klima im Raum geschaffen werden.

Pflege der Gartengeräte

Sie werden jetzt nicht gebraucht und deshalb leicht vergessen: Rasenmäher und andere Motorgeräte sollten jetzt überprüft und gegebenenfalls in die Werkstatt gebracht werden. Im Frühjahr entstehen oft unangenehm lange Wartezeiten, bis das Gerät wieder abgeholt werden kann.
Auch alle anderen Gartenwerkzeuge werden jetzt kontrolliert. Unkrauthacken und Spaten werden geschärft und gereinigt sowie gegen

Wühlmaushügel

Verrosten eingeölt. Das Befestigen lockerer Stiele, manchmal sogar deren Erneuerung kann jetzt in aller Ruhe vorgenommen werden.

Maulwurfshügel

So lange der Boden nicht gefroren ist, kann der Maulwurf seine unbeliebten Hügel aufwerfen. Es kann sich aber auch um die kleineren Hügel einer Wühlmaus handeln. Beide Tiere halten keinen Winterschlaf und sind auf der Suche nach Nahrung. Außer dem Einebnen der Hügel kann man jetzt nichts machen. Vorher schauen, ob das Auswurfloch in der Mitte des Hügels ist, oder etwas versetzt daneben. Bei einem zentralen Loch handelt es sich um einen Maulwurf, der im Garten auf Regenwurmjagd ist. Der Maulwurf braucht täglich etwa sein Eigengewicht an Regenwürmern. Das seitlich versetzte Loch weist auf eine Wühlmaus hin und die ist gefährlich für unsere Gartenpflanzen. Im Spätherbst frisst sie gerne die Blumenzwiebeln, im Spätwinter an den Wurzeln von Obstbäumen, besonders von Apfel, Birne und Holunder.

Obstgarten

Edelreiser

Wenn geplant ist, dass im Erstfrühling auf Obstbäumen eine neue Sorte veredelt werden soll, dann müssen zwischen Anfang und Mitte Jänner die Edelreiser geschnitten werden. Von einem Baum der gewünschten Sorte werden diese möglichst auf der Südseite geschnitten. Dabei muss es sich um gesunde, gerade und gut ausgebildete Triebe des vergangenen Jahres handeln. Die Edelreiser werden etikettiert, gebündelt und in einem kalten Keller in einer Kiste mit feuchtem Sand eingeschlagen. Da der Sand aber beim Veredeln oft noch haftet und dann beim Verwachsen hindert, lagern Praktiker die Edelreiser in einem Kühlschrank. Dazu werden die Reiser auf eine Länge von 30 bis 40 cm gekürzt und in Plastiktüten (Gefrierbeutel) gegen Austrocknen verpackt. Die Kühlschranktemperatur sollte ca. 4 bis 6 °C betragen. So können die Edelreiser sicher bis zur Veredelungszeit lagern.

Baumschnitt

Der Schnitt von Obstbäumen und Beerensträuchern sollte erst im Vorfrühling durchgeführt werden.
Sind an den Obstgehölzen Wild-, Sturm- oder Schneebruchschäden sichtbar, müssen die Wundränder sofort glatt geschnitten und mit Baumwachs oder ähnlichem verstrichen werden. Die Verwendung von Baumteer ist nicht empfehlenswert.

Herbsthimbeeren

Sobald die Blätter der Herbsthimbeeren braun geworden sind, müssen die Ruten bodennah zurückgeschnitten werden. Die im März neu austreibenden Jungruten tragen dann ab dem Spätsommer bis zum Frostbeginn ihre köstlichen Früchte.
Man kann beim Rutenrückschnitt eine pro Pflanze stehenlassen. Sie bringt schon zeitig im Juni eine zweite Ernte und stirbt dann ab. Eine solche übriggelassene Rute verkraftet die Pflanze gut, ohne dass Ertragseinbußen bei der Herbsternte zu erwarten sind. Die Naschzeit kann so (etwa bei der Sorte ‚Himbo Top') Anfang bis Mitte Juni starten.

Herbsthimbeere ‚Himbo Top' (Wiesenhofer)

Fruchtmumie mit Moniliasporenansammlung

Erdbeeren

Erdbeeren sind in Windlagen etwas frostempfindlich. Eine Abdeckung mit Gartenvlies kann Frostschäden verhindern.

Fruchtmumien

Mumifizierte Früchte des letzten Herbstes müssen jetzt von den Obstbäumen gepflückt werden und dürfen nicht über den Kompost entsorgt werden. Sie enthalten die Sporen der Monilia-Krankheit und infizieren wieder mit beginnendem Frühjahr. Die Sporen werden vom Wind verbreitet und gelangen so auf Blüten und junge Triebe.

Baumscheibe

In den ersten Jahren nach der Pflanzung sollte der Bereich rund um den Stamm

Weiße Farbe schützt den Stamm vor übermäßiger Erwärmung.

Frostriss an einem Apfelbaum

(Baumscheibe) freigehalten werden. Der Durchmesser richtet sich nach der Größe und dem Alter des Jungbaumes, sollte aber mindestens 1 m betragen. Die Baumscheibe sollte immer unkrautfrei sein, das beugt dem Wühlmausbefall vor. Auch darf Mulchmaterial, das die Scheibe unkrautfrei halten soll, nicht dicht am Stamm anliegen. Dies würde die Kragenfäule (Absterben der Rinde im Bereich des Stammgrundes) fördern.

Frostrisse

Anschließend kann der Stamm nochmals bis in die ersten Verzweigungen mit weißem Baumanstrich geschützt werden. Dieser Schutzanstrich schützt den Stamm vor unnötiger Erwärmung in den ersten Monaten und verhindert dadurch Frostrisse. Der Anstrich sollte entweder aus gelöschtem Kalk oder einer fertigen Baumweißelfarbe bestehen. Dispersionsfarbe ist dafür ungeeignet, da sie luftundurchlässig ist.
Frostrisse entstehen in den ersten Monaten des Jahres durch Erwärmung des Stammes auf der Südseite. In der darauffolgenden Nacht mit tiefen Temperaturen gefriert das in den Leitungsbahnen aufsteigende Wasser und sprengt die Rinde. In schneelosen Win-

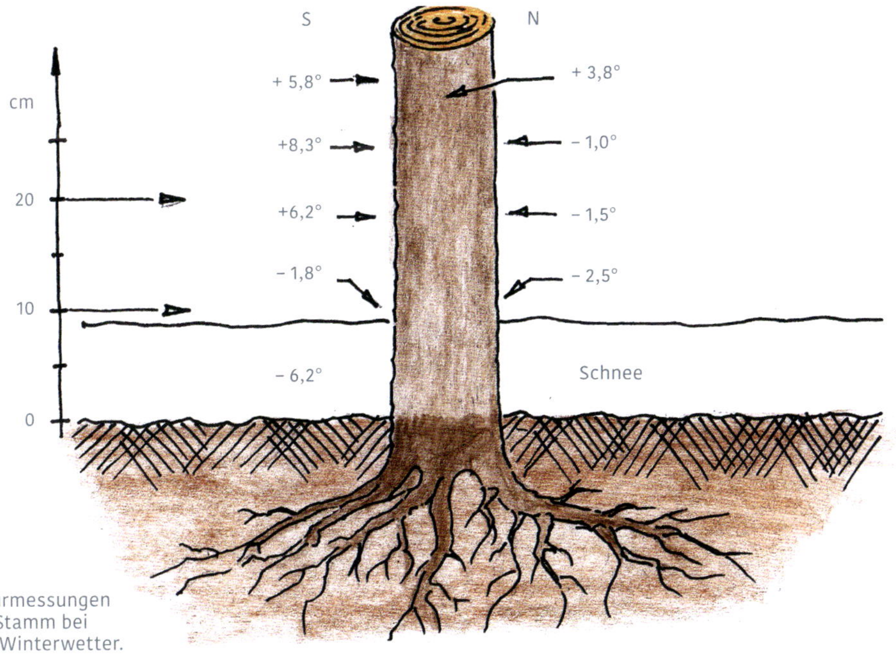

Temperaturmessungen an einem Stamm bei sonnigem Winterwetter.

tern ist diese Gefahr besonders hoch.
Weiße Kunststoffmanschetten schützen sowohl gegen Kaninchen- und Hasenverbiss als auch gegen Frostschäden. Sie sollten aber so locker angebracht sein, dass die Rinde immer rasch abtrocknen kann. Im Spätwinter beginnen oft Ameisen zwischen Manschette und Rinde ein Nest aufzubauen. Durch das Entfernen der Manschette im frühen Vorfrühling ist das Problem wieder gelöst.

Gemüsegarten

Gemüselager

Auch beim Gemüselager gelten die gleichen Maßnahmen wie beim Winterlager der Blumenknollen. Regelmäßige Kontrolle und Entfernung von allen angefaulten oder sonstig verdorbenen Lagergemüsen verhindert die gegenseitige Ansteckung.
Wird gleichzeitig Obst im gleichen Keller gelagert, sollten vor allem Äpfel in Polyethylensäckchen (Gefrierbeutel) portionsweise verpackt sein. Das von den Äpfeln ausströmende Reifegas Ethylen regt bei Kartoffeln ein vorzeitiges Austreiben und bei Gemüse zu einem rascheren Verderben an. Auch das regelmäßige Lüften darf nicht vergessen werden!

Saatgut

Gute Planung ist der halbe Erfolg im Gemüsegarten! Daher wird jetzt ein Anbauplan für die neue Saison erstellt.
Zuerst wird überprüft, ob noch restliches Saatgut vom Vorjahr übrig ist. Wurden die Saatgutsäckchen nicht mit der Jahreszahl beschriftet, kann es sich um überlagertes Saatgut handeln.
Gemüsesamen sind unterschiedlich lang haltbar und keimfähig:

1 bis 2 Jahre: Schnittlauch, Porree, Pastinake, Schwarzwurzel, Bohnenkraut
2 bis 3 Jahre: Zwiebel, Petersilie, Erbse
3 bis 4 Jahre: Bohne, Endivie, Gartenkresse, Kopfsalat, Möhre (Karotte), Sellerie, Feldsalat (Vogerlsalat), Spinat, Mangold, Tomate (Paradeiser)

4 bis 5 Jahre: Kraut (Kohl), Chinakohl, Rote Rübe, Radieschen, Rettich, Chicorée
5 bis 6 Jahre: Kürbis, Melone, Gurke

Diese Angaben gelten für kühl und trocken gelagertes Saatgut.

Keimprobe

Zur Überprüfung der Keimfähigkeit wird eine Keimprobe vorgenommen. Dazu zählt man von jeder Sorte eine bestimmte Anzahl Körner ab (mindestens 10) und treibt diese vor. Große Samen werden in feuchten Sand oder Torf gelegt, kleine Samen auf Lösch- oder Fließpapier, das man in einen flachen Teller mit etwas Wasser legt. Dann werden sie mit Folie oder Glas abgedeckt und an einem warmen Platz (15 bis 18 °C) aufgestellt.
Sind die Keime einige Millimeter groß, werden sie gezählt und eine Entscheidung gefällt: Bei einer Keimung von 75 % der Samen ist das Saatgut noch in Ordnung, unter 50 % aber schon bedenklich.
Dazu kommt noch, dass das Saatgut im Freiland noch um einiges schlechter aufläuft als bei der Keimprobe.
Man sollte allerdings beachten, dass Karotten und Petersilie viele Tage brauchen, bis sie zu keimen beginnen.

Einteilung der Gemüseflächen

Für viele Haushalte werden von manchen Gemüsearten immer nur geringe Mengen benötigt, daher werden auch nur wenige Pflanzen der einzelnen Gemüsearten gesät oder gepflanzt.

Da sich aber verschiedene Gemüsearten nicht miteinander vertragen, muss bei der Einteilung darauf geachtet werden, welche Nachbarn verträglich sind. Einige Gemüsearten behindern sich durch Unverträglichkeit gegenseitig so stark, dass nur schwach wachsendes, kränkelndes Gemüse wächst.
Die gegenseitige Behinderung von miteinander unverträglichen Gemüsearten ist auch im Wurzelbereich vorhanden. Die Pflanzen können sich daher nicht nur oberirdisch behindern, sondern auch durch gegenseitig störende Wurzeln.
In der Tabelle **Gemüseverträglichkeit** (→ S. 178-179) sind im Anhang die wichtigsten Gemüsearten nach ihrer gegenseitigen Verträglichkeit oder Unverträglichkeit zusammengestellt.

Fruchtfolge

Gemüsepflanzen entziehen dem Boden unterschiedlich viele Nährstoffe. Werden sie immer am gleichen Platz gepflanzt, sinkt ihre Wüchsigkeit und ihre Qualität. Auch darf innerhalb eines Jahres nicht zwei- oder mehrmals die gleiche Kultur gesät oder gepflanzt werden (z. B. Salat).
Nach ihrem Nährstoffbedarf werden sie in die Gruppen Starkzehrer, Mittelzehrer und Schwachzehrer eingeteilt.

Starkzehrer sind alle Kohlarten wie Rot- und Weißkraut, Kohl (Wirsing), Rosenkohl (Sprossenkohl), Chinakohl und Blumenkohl (Karfiol) sowie Gurken, Tomate (Paradeiser), Kartoffel (Erdapfel), Porree und Zucchini.
Brokkoli, Artischocke, Kürbis, Mais, Paprika, Melone, Stangen- und Knollensellerie sind

Fruchtfolgeplan

	Beet A	Beet B	Beet C
1. Jahr	Starkzehrer	Mittelzehrer	Schwachzehrer
2. Jahr	Mittelzehrer	Schwachzehrer	Starkzehrer
3. Jahr	Schwachzehrer	Starkzehrer	Mittelzehrer
4. Jahr	Starkzehrer	Mittelzehrer	Schwachzehrer

Rosenkohl im Winter

weitere Gemüsearten mit hohem Nährstoffbedarf.

Die **Mittelzehrer** benötigen geringere Mengen an Nährstoffen und werden daher nach den Starkzehrern im Folgejahr gepflanzt. Zu den Mittelzehrern gehören alle Salatarten, Endivie und Zichorie, Spinat, Möhre (Karotte), Petersilie und Pastinake, Zwiebel, Schnittlauch, Knoblauch, Kohlrabi, Rote Rübe, Fenchel, Radieschen und Rettich, sowie Aubergine (Melanzani), Mangold, Zuckerhut und Puffbohne (Dicke Bohne).

Die dritte Gruppe, die **Schwachzehrer**, benötigen nur geringe Nährstoffmengen. Bohnen und Erbsen nehmen den für sie nötigen Stickstoff aus der Luft mithilfe ihrer Knöllchenbakterien an den Wurzeln auf. Weitere Schwachzehrer sind Rucola und Feldsalat (Vogerlsalat), Portulak und Kresse. Auch Kräuter wie Basilikum, Dill, Majoran und Thymian mögen keine reichlichen Nährstoffgaben und gehören in diese Gruppe.

Vor der Einteilung der Gemüsebeete muss auf diese Bedürfnisse geachtet und alle Beete in 3 Gruppen eingeteilt werden. Am besten zeichnet man sich auf einem Blatt Papier so viele Kästchen, wie Beete vorhanden sind. Auf das Blatt kommt die Jahreszahl. In die Kästchen wird das im vergangenen Jahr angebaute Gemüse eingetragen. In ein weiteres Blatt mit den Gemüsebeet-Kästchen kann dann nach dem Fruchtfolgeplan das geplante Gemüse für das kommende Jahr eingetragen werden. So erhält man eine Übersicht über die Bepflanzungen mehrerer Jahre.
Auf das **Beet A** kommen daher nach einer Düngung mit verrottetem Mist oder Kompost und einer Zusatzgabe eines Mehrnährstoffdüngers Gemüsepflanzen der Starkzehrergruppe.
Beet B wird nur mit einer geringen Mineraldüngergabe gedüngt, da die Pflanzen der Mittelzehrergruppe keine Mist- oder Kompostgabe im laufenden Jahr mögen.
Die Schwachzehrer auf **Beet C** benötigen überhaupt keine Düngergabe, da sie mit den restlichen Nährstoffen auskommen.
Diese Beeteinteilung muss in den Folgejahren gleichmäßig rotieren:
Ab dem 4. Jahr wiederholt sich die Düngung und Bepflanzung aus dem ersten Jahr.
In ein eigenes Beet kommen die Dauerbepflanzungen wie Rhabarber, Spargel, Liebstöckel und andere Kräuter, die mehrere Jahre am gleichen Standort bleiben sollten. Erdbeeren müssen nach 2 Jahren gerodet und an einem anderen Platz neu gepflanzt werden.

Namen der häufigsten Zwiebel- und Knollenpflanzen

Da die deutschen Namen der Pflanzen nicht überall gleichlautend sind, werden die Zwiebel- und Knollenpflanzen zusätzlich mit ihren lateinischen Namen aufgelistet.

Allium spec.	Zierlauch-Arten
Anemone blanda	Windröschen
Anemone coronaria	Anemonen
Camassia cusickii, C. quamash	Prärielilien
Chionodoxa luciliae, Ch. forbesii	Schneestolz
Colchicum autumnale	Herbstzeitlose
Crocosmia x crocosmiflora	Montbretien
Crocus boryi	Herbst-Krokus
Crocus sativus	Safran
Crocus spec.	Krokus
Cyclamen cilicium, C. hederifolium	Alpenveilchen *Dahlia* spec.
Dracunculus vulgaris	Drachenwurz
Eranthis hyemalis, E. cilicia	Winterling
Eremurus stenophyllus	Steppenkerze
Erythronium dens canis	Hundszahn/Hunds-Zahnlilie
Fritillaria imperialis	Kaiserkrone
Fritillaria meleagris	Schachbrettblume
Galanthus nivalis	Schneeglöckchen
Galtonia candicans	Kaphyazinthe/Galtonia
Gladiolus spec.	Gladiolen
Hyazinthoides hispanica	Glockenscilla/Spanisches Hasenglöckchen
Hyazinthus spec.	Hyazinthen
Iris reticulata, I. tingitana, I. hollandica	Zwiebeliris
Leucojum aestivum	Sommerknotenblume/Sommerglöckchen
Leucojum vernum	Frühlingsknotenblume/Märzenbecher
Lilium bulbiferum	Feuerlilie
Lilium candidum	Madonnenlilie
Lilium lancifolium	Tigerlilie
Lilium martagon	Türkenbundlilie
Lilium regale, Lilium-Hybr.	Lilien
Muscari botryoides, M. armeniacum	Traubenhyazinthe
Narcissus poeticus, N. pseudonarcissus	Narzissen
Nectaroscordum siculum ssp. *bulgaricum*	Bulgarischer Schmucklauch
Ornithogalum boudeanum	Milchstern
Puschkinia scilloides	Kegelblume
Ranunculus anemoneus	Ranunkeln
Scilla siberica	Blaustern/Szilla
Tulipa spec.	Tulpen

	Blumenkohl (Karfiol), Brokkoli	Buschbohnen	Dill	Endivien	Erbsen	Erdbeeren	Feldsalat (Vogerlsalat)	Fenchel	Gurken	Kartoffeln	Knoblauch
Blumenkohl (Karfiol), Brokkoli		grün	grün	grün	grün				grün	rot	rot
Buschbohnen	grün		grün		rot	grün		rot	grün	grün	rot
Dill		grün			grün				grün		
Endivien	grün							grün			
Erbsen	grün	rot	grün					grün	grün	rot	rot
Erdbeeren	rot	rot					grün				grün
Feldsalat (Vogerlsalat)						grün		grün			
Fenchel		rot		grün	grün		grün		grün		rot
Gurken	grün	grün	grün		grün			grün		rot	grün
Kartoffeln (Erdäpfel)	rot	grün			rot				rot		grün
Knoblauch	rot	rot			rot	grün		rot	grün	grün	
Kohlrabi		grün			grün					grün	
Kraut (Kohl)	rot	grün	grün	grün	grün	rot			grün	rot	rot
Mangold		grün									
Möhren (Karotten)			grün	grün	grün			rot			grün
Paprika		rot			rot				grün		
Porree	rot	rot		grün	rot	grün			grün		grün
Radieschen, Rettich		grün			grün	grün			rot		rot
Rosenkohl (Sprossenkohl)	grün				grün				grün	rot	
Rote Rübe	grün	grün	grün						grün	rot	grün
Salat		grün	grün		grün	grün					
Schwarzwurzeln		grün									
Sellerie	grün	grün						grün	grün	rot	grün
Spinat	grün	grün				grün				grün	
Stangenbohnen				grün	rot			rot	grün		rot
Tomaten (Paradeiser)		grün			rot			rot	rot	rot	grün
Zucchini					rot						
Zwiebeln	rot	rot	grün		rot	grün	grün		grün	rot	

Gut verträglich (grün) neutral

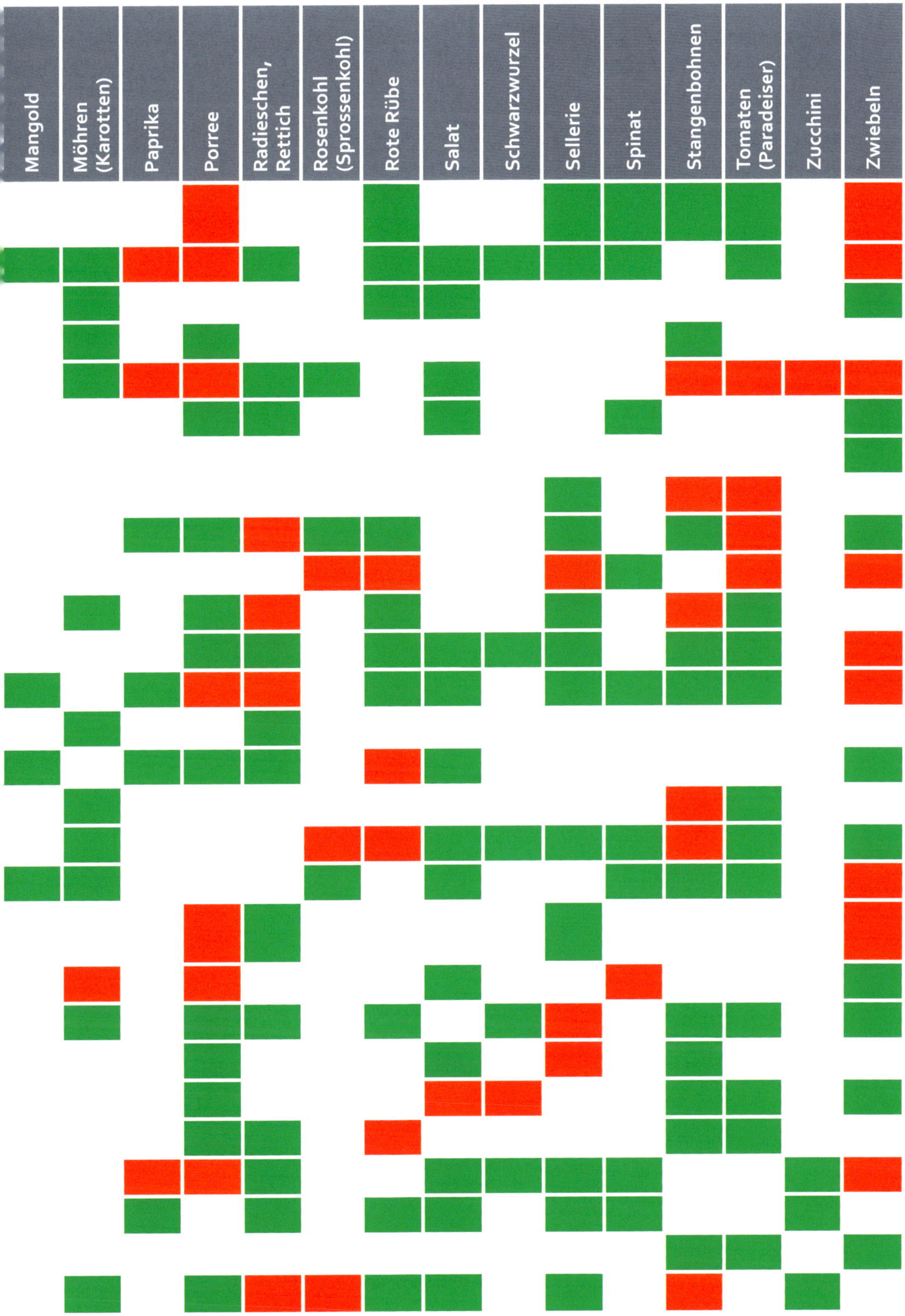
Mangold
Möhren (Karotten)
Paprika
Porree
Radieschen, Rettich
Rosenkohl (Sprossenkohl)
Rote Rübe
Salat
Schwarzwurzel
Sellerie
Spinat
Stangenbohnen
Tomaten (Paradeiser)
Zucchini
Zwiebeln

rträglich

Blütezeit der Zwiebel- und Knollenpflanzen

Vorfrühling	Erstfrühling	Vollfrühling	Frühsommer	Hochsommer	Spätsommer	Frühherbst	Vollherbst
Schneeglöckchen							
Frühlingsknotenblume							
Krokus							
	Zwiebeliris						
	Schneestolz						
	Blaustern						
	Kegelblume						
	Traubenhyazinthe						
	Hyazinthen	■					
	Hundszahn	■					
	Kaiserkrone	■					
	Schachbrettblume	■					
	Narzissen	■					
	Tulpen	■					
		Sommerknotenblume	■				
		Milchstern	■				
		Glockenscilla	■				
		Zierlauch	■				
			Feuerlilie				
			Türkenbundlilie				
			Lilien	■			
				Madonnenlilie			
				Gladiolen	■	■	
				Kaphyazinthe	■		
				Montbretien	■	■	
					Dahlien	■	■
						Safran	
						Herbstzeitlose	■
							Herbst-Krokus

Bildquellennachweis

Fotos

Manfred Wiesenhofer: 44, 93, 158, 171

Fritz Kummert: 26

Gardena: 40

Fotolia:
50 (Maulwurfsgrille): Stephan Schneider; 55 (Buchsbaumzünslerraupe): Gina Sanders; 87 (Madonnenlilie): emer; 110 (Herbstzeitlose): renagroby94; 113 (Schneckeneier): emer; 120 (Kornelkirsche): Heike Rau; 175 (Rosenkohl): VRD

Wikimedia Commons:
27 (Kirschblüte): Dirk Schmidt CC 3.0; (Löwenzahn): Lupus in Saxonia CC 4.0
109 (Reife der Birne): MarkusHagenlocher CC 3.0; (Rotfärbung der Hagebutte): böhringer friedrich_CC 2.5
125 (Reife der Rosskastanie): böhringer friedrich_CC 2.5; (Verfärbung des Wilden Weins): Jochen Jahnke CC 3.0
147 (Verfärbung der Eiche): Johann Jaritz CC 3.0; (Verfärbung der Rosskastanie): Herbst_Geolina_CC 4.0; (Herbstnebel): Stefan neese CC 3.0
148 (Herbstlaub): Johann Jaritz CC 4.0
163 (Eichenlaub mit Raureif): Geolina163 CC 4.0; (Haselblüte): AnRo0002_CC 1.0

Alle anderen Fotos stammen vom Autor.

Zeichnungen

Marina Koller:	**79**
Claudia Krenn:	**113**
Heinz Krenn:	**12, 14, 17, 18, 21, 29, 30, 33, 43, 76, 81, 84, 105 u., 106, 116, 124, 150 o., 151,159, 160, 173**
Stephan Waska:	**16, 150 u., 130, 162**

Weiterführende Informationen

Deutscher Wetterdienst: *www.dwd.de*

Zentralanstalt für Meteorologie und Geodynamik Österreichs: www.phenowatch.at

Webportal der Naturwissenschaften der Schweiz: www.naturwissenschaften.ch/topics/seasons

Register

A
Ameisen 43
Anlage der Gemüsebeete 25
Apfelwickler (Wurm im Apfel) 66
Aprikosen (Marillen), Kirschen, Sauerkirschen (Weichseln) 79
Aubergine (Melanzani) 68
Auspflücken von Aprikose (Marille) und Pfirsich 94

B
Balkon- und Kübelpflanzendüngung 92
Balkon- und Terrassenpflanzen 88, 92, 149
Bärlauch 160
Bartblume 14
Baumanstrich 156
Baumpfähle 75, 113
Baumscheibe 171
Baumschnitt 20, 43, 171
Beerensträucherschnitt 121
Blattläuse 65
Blattläuse auf Rosen 61, 43, 89
Blattmasse 64
Blauregen, Glyzinie 15, 92
Blumenkistchen 73
Blumenkistchen und Blumentöpfe vorbereiten 36
Blumenkohl (Karfiol) 47, 50, 96
Blumenzwiebel im Rasen 41, 116
Blumenzwiebeln zum Verwildern 115
Blütensträucher 77
Blütezeit der Zwiebel- und Knollenpflanzen 180, 181
Bodenansprüche der Pflanzen 153
Bodenkalkung 161
Bodenmüdigkeit 32
Bodenuntersuchung 160
Bohnen 67, 68, 82, 96
Brennnesseln 78
Brokkoli 25, 47, 68
Brombeeren 44, 81, 105
Brunnenkresse 81
Buchsbaum 91, 55
Buchtenfraß an Rhododendronblättern 56, 103

C
Chinakohl 83, 108

D
Dahlien 91
Dahlien und Canna vortreiben 38
Dahlien und Gladiolen 38, 58, 141
Dickmaulrüssler 56, 103
Die Pflanzzeit beginnt 18
Dill 25, 94
Düngung 26, 65, 100, 149
Düngung der Rosen 18, 76, 89
Düngung der Zwiebelblumen 12
Düngung des Rasens 41
Düngung von Obstbäumen und Beerensträuchern 23, 138

E
Edelreiser 170
Einteilung Gemüseflächen 174
Einwintern 149
Endivien 82, 122, 145
Erbsen 68
Erdbeeren 23, 45, 65, 93, 105, 171
Ernte 118, 144

F
Fallobst und Obstmumien 121, 155, 171
Falscher Strauchschnitt 12
Farbe im Halbschatten 141
Farne 78
Feldsalat (Vogerlsalat) 107, 121
Fenchel 25, 47, 108
Feuchtigkeit und Bodenabdeckung 72
Flechten 156
Fliederschnitt 75
Freiland 25, 68
Frostrisse 172
Frostschäden – Nachwirkung 79
Fruchtausdünnung bei Apfel und Birne 79, 93
Fruchtbogenerziehung 21
Fruchtfolge 174
Frühbeet, Folie, Gewächshaus 25, 67, 47, 94, 122, 154, 159, 166
Frühjahrsblühende Zwiebelpflanzen 114, 127-137

Frühlings-Schlussverkauf 74

G
Garten im Urlaub 92
Gartenabfälle häckseln 151
Gartenheidelbeeren 44
Gartenmöbel 20, 149
Gartenteich 63, 113, 143
Gemüseeinlagerung 161, 173
Gemüseernte 144
Gemüseverträglichkeit 178, 179
Gewächshaus 25, 47, 67, 94, 154, 159
Gießen 55, 66, 89
Giftpflanzen im Garten 102
Gräser 151
Gurken 25, 67, 68, 83, 94

H
Hecken 12, 57, 91, 103, 139
Herbstkrokus und Herbstzeitlose 100
Himbeeren 45, 81, 105, 171
Holunder 118
Hortensien 75

I
Igel 157
Immergrüne Sträucher 168
Insektenhotel 117

J
Johannisbeeren (Ribisel), Stachelbeeren 93, 105
Jungbäume 46, 65, 171

K
Kaiserkronen 37, 114
Karotten 25, 48, 68, 81, 145, 146, 161
Kartoffel 48, 68, 122
Kätzchenweide 15
Keimprobe 174
Kirschen, Sauerkirschen (Weichseln) 65, 94
Kiwi 93
Kletterpflanzen auslichten 100
Knoblauch 49, 145
Knollenbegonien 39
Knospensterben des Rhododendrons 101
Kohl (Kraut) 25, 50, 68, 82, 95, 161
Kohlrabi 25, 47, 50, 68, 82,
Kompost 26, 37, 84, 123, 162, 146
Kompostierbare Stoffe 123
Kornelkirschen 120
Kräuselkrankheit an Pfirsich und Nektarine 22
Kräutergarten 94, 123
Krokus 132
Kübelpflanzen 19, 35, 63, 74, 90, 139, 140, 169
Kulturheidelbeeren 44
Kürbis 25, 47, 67
Kren 146

L
Laubfall 140, 151
Leere Gemüsebeete 123
Leimringe 104, 120, 155
Leiter nur zu zweit 120
Letzte Blumenzwiebeln legen 140
Licht- und Dunkelkeimer 25
Lilien 101

M
Majoran 94
Maschinen und Geräte 149
Maulwurfsgrillen 50
Maulwurfshügel 170
Meerrettich (Kren) 146
Melonen 47, 108
Mulchen 46, 64

N
Nachwinterspritzung 42
Nadelgehölze (Koniferen) pflanzen 19
Nadelgehölze und Kirschlorbeer 152
Nadelgehölz-Schäden 78
Namen der häufigsten Zwiebel und Knollenpflanzen 176
Neupflanzung 112
Nistkästen 143, 167
Nützliche Räuber 59

O
Obstpflanzung 43
Oleander 74, 102

P
Paprika 47, 50, 67
Petersilie 25, 48, 94, 108, 146
Pfingstrosen 59, 117
Pflanzung 32, 46, 57, 144, 152,
Pflanzung eines Rhododendrons 34
Pflaumenwickler (Fruchtfall) 65
Pflege der Gartengeräte 149, 169

pH-Wert 34, 44, 49, 153
Platzbedarf von Gemüsepflanzen 24
Porree 68, 161
Puffbohne (Ackerbohne) 50

R
Radieschen 25, 48, 68, 107
Rasenpflege 18, 40, 77, 89, 11, 151
Regenwasser 88
Rettich 25, 48, 68, 81, 161
Rhabarber 83, 107, 121
Rhododendron 34, 77
Rhododendron, Azaleen, Hortensien 101
Rhododendron-Düngung 56
Rhododendronschutz 152
Rindenpflege 155
Ringelblumen und Co. 117
Rosenkohl (Sprossenkohl) 25, 122, 145
Rosenkrankheiten 61
Rosenpflanzung 150
Rosenschnitt, Rosenpflege 16, 29, 112, 149
Rote Rüben 25, 48, 82, 146

S
Saatgut 161, 173
Salat 25, 47, 68
Saubermachen im Garten 11
Schädlingsbekämpfung 104
Schlingpflanzen zurückschneiden 152
Schneckenbekämpfung 32, 50, 113, 143
Schneefall 165
Schnitt der Blütensträucher 13
Schnittlauch 25, 48, 84, 94, 162
Schnittmaterial 15
Schutz der Jungpflanzen 26
Schwarzwurzeln 145, 161
Schwertlilien 116
Sellerie 25, 82, 146,161
Sommerblumen 37, 58
Sommerflieder Buddleja 14
Sommerschnitt bei Apfel und Birne 104
Spätfrostgefahr durch die Eisheiligen 59
Spinat 25, 68, 84, 108, 122, 146
Sprossenkohl 122, 145
Stallmist 161
Stangenbohnen 82
Stauden 14, 19, 32, 102, 142, 151, 73,
Steinobst 106
Stippe des Apfels 80
Sträucher und Stauden 112
Sträucherpflege 30
Strauchschnitt der Frühlingsblüher 55
Sylvester Geschenk 167

T
Tafeltrauben 43
Tomaten 25, 47, 50, 67, 83, 95, 107
Topfbäume 155
Triebsterben des Buchsbaumes 91
Tulpen, Hyazinthen, Narzissen 58

U
Umveredeln von Obstbäumen 46
Unkraut unter Obstbäumen und Beerensträuchern 121
Unkrautwachstum 60

V
Verblühte Rosen zurückschneiden 76, 89
Veredlungen (Ziersträucher) freistellen 75
Vertikutieren 39
Vogerlsalat 107, 121
Vogelfütterung 117, 167
Vogeltränken 63, 92

W
Walnussbäume 104
Wassertonne 47
Wassertriebe (Schosser) 80
Weihnachtsbäume 166
Wildschutz 157
Wildtriebe entfernen 89
Winterlager für Blumenzwiebel 168
Winterquartiere für Gartennützlinge 117
Winterschutz 11
Wühlmäuse 146
Wurzelunkräuter unter Sträuchern 30

Z
Zierbaumpflanzung 33
Zierlauch-Arten 115
Ziersträucherschnitt 29
Zucchini 47, 67
Zwetschgen, Pflaumen 45, 118
Zwiebel 25, 108, 122